왜
유다는
예수를
배반했을까?

교과서 속 역사 이야기, 법정에 서다

14
역사공화국
세계사법정

유다 vs 예수

왜 유다는 예수를 배반했을까?

글 정기문 | 그림 이주현

|주|자음과모음

예수는 세계 역사상 위대한 성인으로 추앙받는다. 기원후 30년
경에 그가 유대 땅에서 창시한 기독교는 로마 전역으로 퍼져 나가,
392년에는 로마 제국의 국교가 되었다. 그 후 기독교는 2천 년 동안
서양인들의 마음을 사로잡았다. 또한 근대에 이르러서는 전 세계로
전파되어 현재 20억 이상의 사람들이 기독교를 믿고 있다. 예수의
가르침 가운데 핵심은 세상에 존재하는 모든 차별을 없애야 한다는
것, 세상에서 여러 가지 이유로 천대받고 멸시받는 사람들을 존중해
야 한다는 것이다. 이러한 그의 가르침을 한마디로 표현하자면 "세
상 모든 사람을 너 자신처럼 사랑하라"라고 말할 수 있다.

성인이라는 호칭을 얻은 것에 걸맞게 예수는 그의 인생을 바쳐서
세상의 모든 사람을 사랑했다. 당시 세상 사람들로부터 손가락질당

하던 세리(세금 징수의 일을 맡아보는 관리)와 거지, 창녀를 품어 주었으며, 심지어 전염병에 걸린 사람들도 스스럼없이 안아 주었다. 당시 중병을 앓고 있는 사람은 하느님에게 저주를 받았다는 생각이 널리 퍼져 있었기 때문에 이런 예수의 행동은 파격적인 것이었다.

이렇게 중병에 걸린 사람들까지 품어 주었던 예수는 제자들을 누구보다 사랑했다. 하지만 예수의 제자가 된다는 것은 대단한 결심이 필요한 일이었다. 예수의 제자가 되려면 세상의 모든 것을 포기하고 오로지 예수만을 바라보며 살아야 했다. 그들은 재산을 전부 팔아서 가난한 사람들에게 나누어 주고, 세속의 즐거운 것들을 완전히 버리고 늘 예수를 따라다녀야 했으며, 먹을 것도 제대로 먹을 수 없었다. 심지어는 자신의 아버지, 어머니보다 예수를 더 사랑해야 했다. 그러나 그런 고행의 길을 마다하지 않고 수많은 사람들이 예수를 따랐는데, 그들 중 베드로와 요한을 포함한 열두 제자가 특히 잘 알려져 있다.

오늘 세계사법정에 소장을 낸 주인공 가룟 유다도 그들 못지않게 유명한 인물이었다. 예수는 생전에 유다를 각별히 사랑했으며 그에게 특별한 가르침을 주었다. 또 그를 누구보다도 신뢰하여 금고 관리를 맡겼다. 그런데 그렇게 총애를 받았던 유다는 은 서른 냥에 예수를 팔아 버렸다. 은 서른 냥은 그렇게 큰 돈이 아니었는데, 어떻게 예수를 죽이려고 했던 대제사장에게 스승을 팔 수 있었던 것일까? 이에 대해서 사람들은 그가 평상시에도 돈을 좋아했으며, 예수의 금고를 관리하면서 돈을 훔쳤다고 말하고 있다. 그러나 영혼이 되어

왜 유다는 예수를 배반했을까?

역사공화국에 살게 된 유다는 이 소리를 듣고 억울함에 분통을 터뜨리며 세계사법정에 소장을 냈다. 그가 정말로 돈을 사랑했다면 예수를 팔고 받은 돈을 모두 써 버려야 했을 것인데 그는 예수가 유죄 판결을 받는 것을 보고는 돈을 성전에 놓고 자살했다. 어쩌면 그는 돈 때문에 예수를 판 것이 아닐지도 모른다. 그는 억울한 자신의 사연을 풀기 위해서 딴죽 걸기의 명수인 김딴지에게 자신의 변호를 의뢰했다. 그리고 자신을 가르쳤던 예수에 대하여 허위사실 유포, 명예 훼손으로 인한 손해배상을 청구했다. 그렇다면 그는 왜 예수를 배반했을까? 과연 예수가 유포한 허위 사실은 무엇일까? 그리고 유다는 세계사법정에서 명예를 회복할 수 있을 것인가? 원고 측 증인으로는 신비주의에 몰두했던 에세네, 유대교에서 랍비로 추앙받던 바리사이, 예수를 죽이는 데 앞장섰던 유대교 사제인 사두가이, 예수를 재판했던 빌라도가 등장하고, 피고 측 증인으로는 예수의 제자인 베드로가 등장해 이야기를 풀어 간다. 이제 배신자의 대명사로 불리는 유다를 만나서 그의 이야기를 들어 보자.

정기문

로마가 강력한 제국으로 성장할 무렵, 팔레스타인 지방에서는 예수가 나타났다. 예수는 '사랑과 믿음을 통해 누구나 구원을 받을 수 있다'는 가르침을 전하고 소외된 이들을 보살폈다. 예수가 처형된 후 그를 크리스트로 믿은 제자들이 그의 가르침을 전파했다.

중학교	역사	VII. 통일 제국의 등장 4. 지중해 세계의 형성과 크리스트교의 성립 (4) 로마 제국의 문화와 크리스트교의 발전

초기에 크리스트교는 우상 숭배 금지와 유일신에 대한 믿음 때문에 황제 숭배를 거부하여 탄압을 받기도 했다. 하지만 크리스트교가 널리 퍼져나가자 콘스탄티누스 대제는 이를 통치에 이용하기 위하여 밀라노 칙령을 발표했다. 이로써 크리스트교가 공인되었다.

고대 지중해 세계는 여러 신을 섬기는 다신교적 전통이 강했다. 그러나 유일신 사상인 유대교에서 발전한 크리스트교는 1세기 중엽에 예수를 믿은 제자들에 의해 퍼져 나갔다. 특히 313년 콘스탄티누스 황제의 밀라노 칙령으로 크리스트교는 공인되었다.

고등학교	세계사	II. 도시 문명의 성립과 지역 문화의 형성 4. 그리스와 로마 (3) 로마제국과 지중해 세계

콘스탄티누스 황제의 밀라노 칙령은 다음과 같다. "황제 리키니우스와 황제 콘스탄티누스는 (중략) 기쁜 마음으로 크리스트교도들에 대해서 공적으로 금령을 제거하고 (중략) 크리스트교를 믿기 원하는 사람은 누구나 자유롭고 아무 거리낌 없이 믿는 것을 허용한다."

기원전

19세기경   유대인의 선조 아브라함,
가나안에 정착

18세기경   야곱과 열두 아들,
이집트로 이주

**14~
13세기경**   이스라엘인, 이집트를 탈출

1010년   다윗, 이스라엘 왕에 즉위

926년   헤브라이 왕국 분열

721년   북왕국 이스라엘 멸망

586년   남왕국 유다 멸망

583년   유대인이 페르시아의 지배를 받음

515년   예루살렘 성전 재건

63년   로마의 폼페이우스, 유대 정벌

4년   예수 탄생

기원후

30년   예수 활동 시작

33년   예수 사망

66년   유대 대반란

기원전

2333년   단군왕검, 고조선 건국

300년경   철기 문화 시작

108년   고조선 멸망, 한4군 설치

57년   박혁거세, 신라 건국

37년   주몽, 고구려 건국

18년   온조, 백제 건국

기원후

3년   고구려, 졸본에서 국내성으로 천도

원고 **유다 (?~?)**

나는 예수의 열두 제자 중 한 사람입니다. 스승인
예수를 은 서른 냥에 팔아넘겼다는 이유로 지금
까지도 손가락질 받고 있지요. 그런데 나도 알고
보면, 예수에게 사기를 당한 피해자라고요.

원고 측 변호사 **김딴지**

역사에 관한 해박한 지식을 가지고 있는 나, 잘못
된 역사를 바로잡는 데 혼신의 힘을 쏟는 변호사
랍니다.

원고 측 증인 **에세네**

에세네파의 일원입니다. 에세네파는 기원전 2세
기에 생겨난 유대 종파 중 하나로 우리는 평생 메
시아를 기다리며 정결하고 금욕적인 생활을 하였
지요.

원고 측 증인 빌라도

나는 대로마 제국의 귀족으로 유대 지역의 총독으로 임명되었지요. 피고인 예수는 로마 제국에 반역죄를 지어 내가 재판을 하게 된 겁니다.

원고 측 증인 바리사이

유대교의 율법을 가르치는 랍비입니다. 율법을 지키려고 밤낮으로 노력하며 평생을 살았답니다.

원고 측 증인 사두가이

나는 예루살렘 성전에서 제사를 책임지는 사제였습니다. 유대의 전통을 철저하게 지키려고 노력했기 때문에 유대교를 개혁하려고 했던 바리사이나 예수가 이끌었던 기독교와 대립할 수밖에 없었습니다.

피고 **예수(BC 4년? ~ AD 30년)**

사람들은 나를 세계 4대 성인 중 한 명이라고 하지만, 나는 지극히 작은 자 중에 작은 자입니다. 원수까지도 사랑하는 마음을 가진다면 그것이야말로 진정한 하느님의 사랑을 실천하는 것이겠지요.

피고 측 변호사 **이대로**

역사공화국에서 명변호사로 널리 알려진 이대로입니다. 역사적 진실은 쉽게 변하는 것이 아니라고 생각하지요. 여러분, 기존의 역사적 평가에는 다 이유가 있다니까요!

나는 예수님의 제자 베드로라고 합니다. 나는 원래 갈릴리 호수 근처에서 고기를 잡는 어부였지만 모든 사람을 사랑하라고 가르치는 예수님의 모습에 반해 그분의 제자가 되었습니다. 예수님은 나에게 하늘 문을 여는 열쇠를 주셨지요.

나는 역사공화국 세계사법정에서 공정하기로 소문난 판사 정역사입니다. 변호사들에게 엄하게 대할 때도 있지만, 역사에 대한 호기심과 공정한 판결을 위한 노력만큼은 나를 능가할 사람이 없을 겁니다.

"나, 유다는 배신자가 아니오"

여기는 영혼들이 모여 있는 역사공화국.

한가로운 오후, 따스한 햇볕이 비치자 김딴지 변호사는 늘어지게 하품을 했다.

꼬르륵, 꼬르륵.

"에구, 이게 내 뱃속에서 나는 소리인가? 맞구나……. 배가 고프니 잠도 안 오네."

그때 마침 하나밖에 없는 조수, 나먹보가 샌드위치 봉지를 들고 사무실로 들어왔다.

"나먹보, 봉지 안에 든 건 설마 내가 좋아하는 샌드위치? 과연 김딴지의 조수답구먼! 내가 아침도 못 먹고 허겁지겁 출근한 걸 어떻게 알고 사 온 건가? 어서 이리 주게."

"변호사님, 이건 제가 간식으로 먹으려고 사 온 건데요? 샌드위치가 달랑 한 개뿐이라 변호사님 드릴 건 없다고요. 그러게, 손님도 없는데 뭐하러 이렇게 일찍 출근하셨어요?"

"뭐라고? 이런 유다 같은 인간을 봤나! 내가 그동안 자네에게 잘 해 준 게 얼마나 많은데……. 그걸 그새 까먹고 배신을 해?"

"유다라니요! 지금 샌드위치를 하나 안 드렸다고 저를 예수를 배반한 유다와 비교하시는 겁니까? 그리고 말이 나와서 말인데요. 대체 제 월급은 언제 주실 겁니까? 세상에 월급도 안 챙겨 주는 변호사가 어디 있습니까!"

김딴지 변호사와 그의 조수 나먹보가 다투고 있자 이를 보다 못한 남자가 갑자기 끼어들며 소리쳤다.

"이봐요! 내가 뭘 어쨌다고 내 이름을 자꾸 들먹거리는 거요?"

김딴지 변호사는 갑자기 나타난 낯선 남자의 얼굴을 뚫어져라 쳐다보며 따졌다.

"당신은 대체 누구시기에 남의 사무실로 찾아와 얘기를 엿듣고 있는 거요? 당신이 누군지도 모르는데 내가 언제 당신 이름을 얘기했다고……."

"내가 바로 당신이 말한 유다요, 가룟 유다! 역사적 평가를 뒤집고 진실을 밝혀내는 변호사가 있다고 해서 일부러 찾아왔더니만, 다 헛소문이었나 보군요. 나를 배신자 취급이나 하다니! 이만 가야겠소!"

자신을 유다라고 소개한 남자가 불쾌하다는 얼굴로 사무실을 나서려 하자 김딴지 변호사는 얼른 그의 소맷자락을 붙잡았다.

"잠깐만요! 당신이 바로 예수를 팔아넘긴…… 아, 아니, 예수의 제자 가룟 유다란 말입니까? 그런데 지금 불같이 화를 내는 걸 보니 당신이 예수를 배신한 게 아니라는 건가요?"

가룟 유다가 김딴지 변호사에게 부여잡힌 소매를 가볍게 뿌리치며 날카로운 목소리로 말했다.

"그렇소. 뭐, 결과적으로 보면 내가 예수를 배신했다고 할 수도 있겠지만 그것도 다 나름의 이유가 있어서 그런 것이었소. 나는 당신들이 내 이름을 함부로 들먹일 만큼 나쁜 짓을 하지 않았습니다. 그 사실을 밝혀달라고 일부러 찾아온 것이오."

왜 유다는 예수를 배반했을까?

"그럼 사건을 의뢰하러 오신 거군요? 그렇다면 진정하시고 우선 좀 앉아 보세요. 그리고 소송을 걸려고 하는 사람이 누군지, 어떤 이유로 재판을 하려는 건지 차근차근 설명해 보세요. 설명이라도 해 주고 나서 저에게 의뢰를 할 건지 말 건지를 결정하셔도 되는 것 아닙니까?"

"흠흠, 그럼 지금부터 내 이야기를 해 볼 테니 잘 들어 보세요. 내가 소송을 걸려는 사람은 바로 나의 스승인 예수입니다……."

예수 그리스도의 생애

기원전 2000년 경 메소포타미아에서 팔레스티나로 이주한 사람들과 그의 자손들을 유대인이라고 해요. 헤브라이인 또는 이스라엘인이라고 불리는 유대인들은 예로부터 야훼 신을 믿었어요. 그래서 야훼가 자신들을 구원해 줄 구세주 즉 메시아를 보내줄 거라고 믿었답니다. 특히 로마의 가혹한 지배 아래에 있던 유대인들은 이러한 바람이 아주 강렬했지요.

그러던 기원전 4년 경 예수가 태어납니다. 예수라는 이름은 헤브라이어로 '하느님(야훼)은 구원해 주신다'라는 뜻이에요. 예수는 베들레헴의 한 마구간에서 마리아에게서 태어났지요. 예수는 '갓 태어난 어린아이를 모조리 죽이라'는 헤롯왕의 명령을 피해 이집트로 떠나 있다가 헤롯이 죽은 뒤에 고향인 나사렛으로 돌아갔지요.

나사렛에서 생활하던 예수는 세례자 요한에게서 세례를 받고 40일 동안의 금식기도를 올려요. 이후 예수는 사람들에게 하느님의 용서와 사랑을 알리는 일을 시작하였답니다. 병자와 힘든 사람을 만나고 그들을 고쳐주었지요. 이후 예수는 열 두 명의 제자를 뽑아 자신의 뜻을 전했답니다. 그래서 많은 사람들이 그를 믿고 따랐어요.

하지만 예수의 행동이나 존재가 위험하다고 여긴 사람들도 있었지요. 바로 대사제들과 유대교의 한 일파인 바리새파 사람들이었어요. 이들은 예수를 죽일 계획을 세웠답니다. 결국 예수는 십자가 모양의 나무틀에 못 박혀 죽었지요. 하지만 예수는 자신이 예언한 대로 부활하였고, 그의 제자들은 그의 뜻을 널리 퍼뜨리는 것을 멈추지 않았답니다.

라벤나의 산 아폴리나레 누오보 성당에 있는
6세기경의 모자이크로 예수를 묘사함

원고 | 유다	대리인 | 김딴지 변호사
피고 | 예수	대리인 | 이대로 변호사

청구 내용

기원후 30년, 로마 제국이 무력으로 유대인을 지배할 때 예수가 등장해 스스로 '메시아'라고 주장했습니다. 그는 기적을 행하고 정의를 외치면서 사람들을 불러 모았습니다. 나도 그의 제자가 되어 가르침을 받았지요.

그러던 어느 날 예수는 나에게 자신을 대제사장에게 넘기라고 명령했습니다. 예수는 자신이 하느님의 아들이므로 십자가에 매달려도 죽지 않을 것이며, 자신이 십자가에 매달리는 것을 보면 유대인들이 봉기하여 로마인을 몰아내고 자신을 왕으로 추대할 것이라 했습니다. 그리고 그것은 하느님의 계획이라고 했지요. 펄쩍 뛰며 반대하던 나는 어쩔 수 없이 예수의 뜻에 따라 은 서른 냥에 그를 로마 병사에게 넘겨주었습니다.

그런데 예수의 말과는 달리 유대인은 봉기하지 않았고 예수는 아무 것도 하지 못한 채 십자가에 못 박혀 죽고 말았습니다. 그는 자신을 메시아라고 착각한 몽상가이며, 사람들을 속인 사기꾼일 뿐이었지요.

그런데 예수가 죽자 사람들은 그를 성인으로 추앙하고 신으로 떠받들면서 나를 배신자라고 비난하기 시작했습니다. 하지만 나는 그에게 충성을 바친 나머지 그의 명령을 마다하지 못한 피해자일 뿐입니다. 절대 돈에 눈이 멀어서 스승을 판 것이 아닙니다. 오늘, 나는 이곳 세계 사법정에서 내가 예수에게 속아 사기를 당한 것이라는 사실을 밝혀내고 명예를 회복하고 싶습니다.

입증 자료

- 중학교 역사 교과서
- 고등학교 세계사 교과서
  그 외 자료 추후 제출하겠음.

위 청구인 유다

역사공화국 세계사법정 귀중

예수는 정말 메시아였을까?

1. 유대인은 왜 메시아를 기다렸을까?
2. 예수는 왜 스스로 메시아라고 말했을까?
3. 메시아는 왕일까, 영혼의 구원자일까?

교과연계

역사
Ⅶ. 통일 제국의 등장
　4. 지중해 세계의 형성과 크리스트교의 성립
　　(4) 로마제국의 문화와 크리스트교의 발전

1

유대인은 왜
메시아를 기다렸을까?

"예수께서 소송을 당했다고? 인류 최고의 성자가 대체 뭘 잘못했다고 그러는 거야? 말도 안 돼!"

"글쎄, 예수도 사람일 뿐인데 하느님의 아들이라고 주장했잖아. 결혼도 안 한 처녀가 예수를 낳았다는 것도 이상하고. 뭔가 의심스러운 데가 많아. 그러다가 제자한테 배반당하고, 이렇게 소송까지 당한 것 아니겠어."

"아니야, 전 세계 20억이 넘는 사람들이 예수를 믿고 있다고. 거짓말일 리가 없어. 성경에 쓰여 있는 내용은 모두 진실일 거야. 난 여전히 그분의 팬이야! 난 그저 예수님을 볼 수 있다는 것만으로도 이번 재판이 기대되는걸."

"자, 조용히 하세요!"

왜 유다는 예수를 배반했을까?

검은 법복을 입은 판사가 걸어 나와 사람들이 가장 잘 내려다보이는 가운데 의자에 앉았다. 배심원과 방청객은 입을 다물고 일제히 판사를 바라보았다.

메시아
성서에서 말하는 구세주입니다. 희랍어로는 그리스도라고 합니다. 이란에서 기독교라는 명칭이 생겼습니다.

판사   원고 측 변호인, 오늘의 사건에 대해 간단히 말씀해 주겠습니까?

김딴지 변호사   네, 판사님. 이번 재판은 원고 유다가 돈에 눈이 멀어 스승을 팔아넘긴 배신자라는 오명을 벗기 위해 제기한 소송입니다. 많은 사람들이 피고인 예수가 병든 사람, 가난한 사람, 불쌍한 사람을 사랑했고, 자기를 희생하여 세상의 모든 사람에게 구원의 희망을 심어 준 성인이라고 알고 있습니다. 또한 그가 한 모든 행동은 거룩한 것이고, 그가 한 모든 말은 성스러운 것이라고 알고 있지요. 지금까지 어느 누구도 이에 대해 문제를 제기하지 않았습니다.

판사   네, 그 점에 대해 나도 잘 알고 있습니다.

김딴지 변호사   반면에 예수의 열두 제자 가운데 하나이던 원고 유다는 돈을 받고 스승을 판 것으로 알려져 있습니다. 하지만 유다가 예수를 판 것은 돈을 욕심내서가 아니라 예수의 명령 때문이었습니다. 그런데 사람들은 유다가 예수를 판 이유를 밝히기도 전에 이미 그를 배신자라고 욕하며 침을 뱉었습니다. 사람들은 그를 '겉 다르고 속 다른 놈'이라고 욕하면서 그의 말은 콩으로 메주를 쑨다고 해도 믿으려 하지 않았지요. 원고 유다는 이것이 예수가 사기를 쳐서 사람들을 현혹했기 때문이라고 말하고 있습니다. 자신이 메시아이

고, 하느님의 아들이라는 예수의 거짓말에 사람들이 속아 넘어간 것
이란 말이죠. 결국 이 사건은 제자가 스승에게 명예훼손으로 인한
손해배상을 청구한 사건입니다.

김딴지 변호사의 말이 끝나자 재판정이 순식간에 술렁거렸다. 사
람들은 배신자 유다가 말도 안 되는 엉터리 이야기를 하고 있다며
유다에게 욕을 퍼부었다.

"은혜를 모르는 저런 파렴치한 인간 같으니라고."

"머리 검은 짐승은 거두는 것이 아니라더니, 그 말이 딱 맞군."

"스승은 아버지와 같다고 했는데, 그런 스승을 배반하고도 할 말
이 있다니……."

판사   조용히 하세요! 원고 유다가 나와 있군요. 원고는 자기소개
를 해 주시지요.

가룟 유다   안녕하십니까. 나는 이번 재판의 원고이며, 저기 앉아
있는 예수를 고소한 가룟 유다입니다. 나는 아우구스투스가 로마 제
국을 지배하고 있던 시절 유대의 가룟이라는 지역에서 태어났지요.

"배신자!"

유다가 등장하자 방청객들은 야유를 퍼부었다. 그러나 유다는 그
런 소리에 이미 익숙해진 듯 아랑곳하지 않고 말을 이었다.

가룟 유다 로마인이 우리 유대인을 지배하고 있을 때, 나는 피 끓는 젊은이로서 목숨을 바쳐서 독립운동을 하기로 결심했습니다. 그때 예수가 나타났습니다. 그는 대단한 능력의 소유자였습니다. 아픈 사람의 병을 고쳤고, 죽은 사람을 살려 냈으며, 물고기 두 마리와 빵 다섯 조각으로 5천 명을 먹이기도 했습니다. 그런데 무엇보다도 예수는 스스로 자신을 메시아라고 주장했기에 나는 그를 믿고 따랐습니다.

김딴지 변호사 메시아라고요? 그 뜻이 무엇입니까?

가룟 유다 메시아는 우리 민족 전체가 기다리던 구세주를 뜻합니다. 우리를 이끌고 로마 군대를 물리친 후에 우리 민족에게 다시 영광을 가져다주실 분이지요.

김딴지 변호사 원고가 설명한 대로 메시아는 '기름 부음을 받은 자'라는 뜻으로, 그리스어로는 '그리스도'라고 합니다. 메시아는 하느님의 은혜를 받은 왕이자 대제사장으로서 신의 의지를 전달하고, 하늘의 뜻에 따라 심판하는 판사이라는 뜻으로도 쓰이고 있습니다. 그래서 사람들이 예수를 그리스도라고 부르는 것입니다.

김딴지 변호사가 판사를 쳐다보며 또박또박 말을 이어 가자, 설명을 듣고 있던 방청객들이 수군거리며 말했다.

"크리스도가 그런 말이었어?"

"그런 것도 몰랐냐? 그리고 '크리스도'라고 하면 안 되고 '그리스

> **기름 부음**
> '기름 부음'이란 사람의 머리나 몸 또는 어떤 물건에 기름을 붓거나 바르는 것을 의미하는데요. 이것은 '성령이 임했다'는 것을 의미한다고 합니다. 종교적 의미에서 보면 두 가지 예가 있는데, 하나는 어떤 물체에 기름을 발라서 다른 물체와 구별된 신성한 것으로 만드는 것이고, 다른 하나는 사람에게 기름을 부어서 제사장, 선지자 및 왕으로 세우는 것을 말합니다. 이때 사람에게 행해지는 기름 부음은 하느님의 지명, 하느님의 축복 등을 의미합니다.

도'가 맞는 말이라고!"

이어 원고 유다가 방청객 쪽을 한 번 쳐다본 후 다시 설명을 이었다.

가룟 유다   당시 다른 유대인이 그랬듯이 나도 메시아가 나타나기
를 열망했습니다. 그러던 중 예수가 나타났고 나는 기꺼이 그의 제
자가 되었습니다. 내가 충성심이 강하고 워낙 똑똑하다 보니 예수는
나를 특별히 총애했습니다. 그래서 예수는 나에게 금고 관리를 맡겼

습니다. 원래 돈 관리는 정말 똑똑하고 신뢰할 수 있는 사람에게 맡기는 것 아니겠습니까? 사람들은 잘 모르지만 예수는 나를 정말로 사랑했습니다. 나를 따로 불러서 많은 것을 가르쳐 주었고, 어떤 때는 나에게만 비밀 명령을 내리기도 했습니다. 한마디로 말해서 나는 예수의 수제자였지요.

판사 네, 잘 들었습니다. 그러니까 원고 측은 예수가 스스로 메시아라고 주장했는데 그것은 거짓말이라는 거로군요. 따라서 예수는 원고와 유대 백성을 속인 사기꾼이라는 것이지요?

판사는 책상 위에 놓인 서류를 뒤적거리면서 말했다. 그러자 김딴지 변호사가 빙긋 웃으면서 일어났다.

김딴지 변호사 존경하는 판사님, 본격적인 재판에 들어가기에 앞서 이 사건의 무대인 이스라엘의 당시 상황에 대해 살펴보고자 합니다. 그래야 유대인이 왜 메시아를 기다렸는지 그 이유를 알 수 있기 때문입니다. 원고 유다에게 이스라엘 민족의 역사에 대한 설명을 부탁드리겠습니다.

가룟 유다 우리 유대인은 약 4천 년 전에 메소포타미아에서 가나안 땅(팔레스타인, 오늘날 이스라엘의 땅)으로 들어왔습니다. 우리는 새로 이주해 온 가나안 땅에 살면서 농사 짓고, 야훼 하느님을 믿으며 살았지요. ▶이런 우리의 역사

아훼

야훼는 유대교, 기독교, 이슬람교에서 믿고 있는 최고의 신을 말해요. 그런데 이슬람교에서는 야훼라는 표현을 쓰지 않고 이슬람식으로 '알라'라고 부른답니다.

교과서에는

▶ 유대인은 유대교를 창시하였으며, 자신들의 역사를 『구약 성서』에 남겼습니다.

는 『구약 성서』에 모두 기록되어 있습니다.

김딴지 변호사   아, 그렇군요. 그럼 유대인의 역사가 처음 세상에 알려진 것은 언제입니까?

가롯 유다   이집트의 왕이었던 메르엔프타하가 여러 민족을 정복하면서 승리를 기념하는 비석을 세웠는데, 그 비석에 이스라엘이라는 민족 이름을 기록해 놓으면서 처음으로 알려지게 되었지요. 우리 유대인을 지배했던 메르엔프타하에 의해 이스라엘이라는 이름을 알리게 되다니…… 이것 참, 그에게 고마워해야 하는 건지 모르겠군요.

김딴지 변호사   그러게 말입니다. 그럼 유대인은 어쩌다가 이집트인의 지배를 받게 된 것입니까?

가롯 유다   우리 유대인은 메소포타미아에서 가나안 땅으로 온 이주민이었기 때문에 항상 주위의 토착 민족에게 압박을 당하곤 했습니다. 그러다가 우리 조상 야곱 때 심한 기근이 발생했습니다. 그래서 우리 부족은 식량을 찾아 이집트로 이주했지요. 그리하여 약 4백년 정도 우리 유대인이 이집트에서 살았습니다. 그러나 유대인의 수가 점점 많아지자 이집트는 위협을 느끼고 우리를 탄압하더니 결국은 노예로 만들어 버렸습니다. 유대인은 이집트인의 지배를 받으며 갖은 노역에 시달렸지요.

김딴지 변호사   하루빨리 이집트인의 지배에서 벗어나고 싶었겠군요.

가롯 유다   맞습니다. 그때 유대인은 이집트의 지배에서 벗어날 수 있는 방법을 생각했지요. 그런데 때마침 우리 민족의 정치적 지도자

왜 유다는 예수를 배반했을까?

이자 영웅이던 모세가 하느님의 뜻에 따라 이집트에서 우리를 구해내는 위대한 일을 한 것입니다. 그 유명한 모세의 기적이 바로 이때 일어난 일이지요. 아마도 우리의 간절한 기도가 하늘에 닿았던 모양입니다.

김딴지 변호사   아! 유대인들이 이집트를 탈출하던 중 기적적으로 홍해를 건넌 사건을 말하는 거군요. 지상 세계에서는 이 이야기로 영화를 만들기도 했지요?

기원전
예수가 태어난 해를 기준으로, 그 이전은 기원전, 이후는 기원후로 나눕니다. 그런데 왜 예수는 기원전 4년에 태어났다고 알려져 있을까요? 예수의 탄생을 기준으로 하는 서력은 9세기경부터 모든 기독교 세계에서 쓰이기 시작했지요. 하지만 헤롯 왕이 기원전 4년에 죽었다는 사료가 발견되고 여러 연구가 진행되면서 예수의 탄생은 기원전 4년 이전일 것으로 추측하게 되었습니다. 현재는 기원전 6년이라는 설이 유력합니다.

교과서에는

▶ 예루살렘은 유대교, 크리스트교, 이슬람교의 공동 성지입니다.

▶▶ 헤브라이 왕국은 기원전 10세기 솔로몬 왕이 다스리던 시기에 가장 번성하였습니다. 그러나 곧 이스라엘과 유대 왕국으로 나누어진 후 아시리아와 신바빌로니아에게 각각 멸망당하고 맙니다.

가룟 유다　　네, 그렇습니다. 우리 유대인은 모세의 도움을 받아 이집트에서 탈출해 기원전 11세기 무렵, 가나안 땅에 헤브라이 왕국을 세웠습니다. 이때 처음 왕이 된 사람이 바로 사울이지요. 그리고 사울의 뒤를 이은 다윗은 예루살렘을 왕국의 수도로 정하고 이곳에 왕궁과 야훼의 성전을 세웠습니다. 그 후 다윗 왕가와 야훼의 성전, 그리고 ▶예루살렘은 유대인의 민족적 자부심이 되었습니다.

김딴지 변호사　　키가 2m 90cm나 된다고 전해지는 거인 골리앗과 일대일로 맞서 싸운 용감한 양치기 소년 다윗이 유다의 조상이군요. 자부심이 대단하시겠습니다.

가룟 유다　　하하, 뭘요. 다윗이 통치할 때 헤브라이 왕국은 전성기를 이루었어요. 하지만 ▶▶3대 왕인 솔로몬 왕이 죽은 뒤 왕국은 사마리아를 수도로 정한 북쪽의 이스라엘 왕국과 남쪽의 유대 왕국으로 나누어지게 되었습니다. 솔로몬 왕이 예루살렘 성전을 건축하면서 백성에게 가혹한 노동을 시켰기 때문이지요. 이후 북쪽에 있던 이스라엘 왕국은 기원전 721년에 아시리아 왕 사르곤 2세에게 멸망당했고, 유대 왕국도 기원전 586년 신(新)바빌로니아 왕 네부카드네자르에 의하여 멸망당하고 말았습니다. 그리고 유대인은 또다시 바빌론(메소포타미아의 고대 도시)의 포로로 끌려가게 되었습니다.

김딴지 변호사　　아니, 또 다른 민족의 지배를 받게 되었단 말입니까?

가룟 유다 네, 사실입니다. ▶이후 기원전 538년 페르시아의 키루스 2세가 신바빌로니아를 정복했을 때 유대인은 해방되어 우리가 살던 땅으로 돌아갈 수 있었습니다. 우리는 가나안 땅에 예루살렘 성전을 다시 세우고 유대교를 발전시켰지요. 그러나…….

김딴지 변호사 그러나…… 또 무엇인가요? 왜 말끝을 흐리시지요?

가룟 유다 ▶▶기원전 4세기에 다시 알렉산드로스 대왕의 통치를 받게 되고, 기원전 1세기에는 로마의 지배를 받게 됩니다.

김딴지 변호사 유대인은 주변 민족의 지배를 정말 많이 받았네요. 말 그대로 수난의 연속이었군요. 하지만 ▶▶▶유대인은 로마의 지배를 받으면서도 끝까지 희망의 끈을 놓지 않고 그 옛날 다윗 왕이 다스리던 때와 같이 영광이 찾아올 것이라 믿었습니다. 그들이 믿는 하느님이 자기들을 해방시켜 줄 위대한 왕, 즉 메시아를 보내 줄 것이라는 꿈을 꾸었던 것이지요. 그들의 믿음에 따르면 메시아는 하느님의 군대를 끌고 와서 로마 제국의 군대를 물리치고 유대 백성을 구해 줄 영웅이었습니다. 예수는 바로 유대인의 이런 믿음을 이용하여 유대의 왕이 되려고 했습니다. 다시 말해 병을 고치는 자신의 능력을 이용해서 사람들을 끌어모으고, 또 사람들을 선동하여 로마 제국에 맞서는 반란을 일으키려고 했던 것입니다. 당시 예수를 따르던 사람들은

교과서에는

▶ 아케메네스 왕조 페르시아는 기원전 6세기 중엽, 서아시아를 재통일합니다. 대제국을 건설한 다리우스 1세는 도로와 역전제를 다듬는 등 중앙 집권 체제를 강화하지요. 또한 피지배 민족을 압박하던 아시리아와 달리 피지배 민족에게 관용을 베풀어 줍니다. 이 때문에 페르시아는 2백 년 동안 통일과 번영을 누릴 수 있었지요.

▶▶ 마케도니아의 알렉산드로스 대왕은 기원전 334년에 동방 원정에 나섭니다. 그리고 불과 10년 만에 유럽, 아시아, 아프리카를 아우르는 대제국을 세우지요.

▶▶▶ 로마 제국의 기에 팔레스타인 지방에 살던 유대인은 구세주가 나타날 것을 기대하였습니다.

하나같이 귀신에라도 홀린 듯 제정신이 아니었습니다.

이대로 변호사   이의 있습니다, 판사님. 원고 측 변호사는 예수를 메시아라 믿었던 유대인을 광신도 집단으로 매도하고 있습니다.

판사   네, 받아들입니다. 원고 측 변호사는 다른 종교인의 신앙심에 대해 함부로 말하지 마십시오.

이대로 변호사   판사님, 유대인은 오랫동안 외세의 지배를 받았습니다. 그 외세 가운데 하나였던 로마 제국은 유대인을 부당하게 대우했고 많은 세금을 거두어 갔습니다. 또한 로마는 유대인의 종교를 존중하지 않았습니다. 가령 로마의 장군인 폼페이우스는 유대인이 생명보다 소중히 여기는 예루살렘 성전을 군홧발로 짓밟았고 약탈을 서슴지 않았습니다. 또 로마 황제 칼리굴라는 자기가 살아 있는 신이라며 예루살렘 성전에 자신의 조각상을 세우라고 명령했습니다. 유대인은 그런 부당한 대우가 없는 세상을 꿈꾸었습니다. 수백 년 동안 외세의 지배에 시달리던 민족이 독립을 꿈꾸는 것은 당연하지 않겠습니까? 따라서 유대인이 메시아를 기다린 것은 결코 헛된 소망이 아니었습니다. 메시아는 새롭고 정의로운 세상이 찾아오기를 꿈꾸는 모든 사람의 희망이었지요.

광신도
이성을 잃고 비판 없이 종교를 믿는 사람을 뜻합니다.

김딴지 변호사   정상적인 사람이라면 어떻게 하느님이 초능력을 가진 지도자를 보내고 그가 천사로 구성된 하늘의 군대를 이끌고 로마군을 무찌를 것이라고 믿을 수 있겠습니까? 이 점만 보더라도 당시 예수를 메시아라고 믿던 유대인은 이성적인 판단을 하기 힘든 광신도 집단과 같았다고 말할 수 있습니다.

이대로 변호사   판사님, 증거도 없이 말하는 김딴지 변호사의 주장은 무시해 주십시오.

김딴지 변호사   증거가 없다니요. 그렇게 나오실 줄 알고, 증인을 모셨죠. 여기 평생 메시아를 기다리며 고행을 하다가 죽은 후에 역사공화국에 온 에세네를 증인으로 모시겠습니다.

판사   네. 증인은 나와서 선서를 해 주세요.

에세네   선서, 나 에세네는 진실만을 말할 것을 맹세합니다.

김딴지 변호사는 에세네에게 다가갔다. 그리고 들고 있던 종이를 말아서 자신의 옆구리에 끼워 놓고 에세네를 쳐다보면서 물었다.

김딴지 변호사 증인, 에세네란 당신의 이름은 본명인가요?

에세네 아닙니다. 사실 내 이름은 원래 '벤허'였습니다. 당시 유대인 중에는 '에세네파'라는 무리가 있었는데 그들은 평생 메시아를 기다리며 정결하게 살았지요. 결혼도 오로지 후손을 낳기 위해서만 했습니다. 그런데 내가 이들과 같이 너무나 경건하게 살았기 때문에 사람들이 나를 '에세네'라고 부르기 시작했고, 이후 에세네란 별명이 마치 본명처럼 쓰인 것이죠.

김딴지 변호사 그런 별명까지 얻다니, 증인은 참으로 경건하게 살았나 보군요.

에세네 나는 불결한 모든 것을 피하고 거룩하게 살았지요. 그래서 나는 친구들과 함께 사람들이 살지 않는 외딴 곳으로 가서 우리만의 마을을 만들었습니다. 그리고 매일 목욕하고, 기도하며, 아주 작은 양의 음식만을 먹었습니다. 또한 배설물이 불결하다고 생각해서 대변을 보면 즉시 땅에 묻었고, 심지어 안식일에는 대변조차 보지 않았습니다.

김딴지 변호사 참으로 거룩하게 사셨군요. 남자와 여자가 서로 만나지도 않고, 술도 먹지 않고, 안식일에는 대변도 보지 않았다니요.

왜 유다는 예수를 배반했을까?

그래서 그렇게 기다리던 메시아는 왔나요?

에세네   우리는 메시아가 구름을 타고 하늘의 군대를 끌고 와서 세상의 악을 쓸어버릴 것이라고 믿었으나, 내가 죽을 때까지 메시아는 오지 않았습니다.

김딴지 변호사   당시 당신처럼 메시아를 기다리던 사람이 많았나요?

에세네   물론 많았지요. 유대인치고 메시아를 기다리지 않은 사람은 거의 없었어요.

김딴지 변호사   존경하는 판사님, 그리고 배심원 여러분, 잘 들으셨지요? 당시 유대인은 모두 메시아를 기다리고 있었습니다. 이렇게 맹목적으로 메시아를 기다리던 사람들이 광신도 집단이 아니고 무엇이겠습니까?

    이 말을 듣고 있던 이대로 변호사는 분통을 터뜨리며 탁자를 밀치고 일어섰다.

이대로 변호사   판사님, 원고 측 증인에게 제가 질문해도 되겠습니까?

판사   그렇게 하세요.

이대로 변호사   증인, 당신과 같은 생각을 가지고 있던 친구들은 모두 몇 명이나 되었습니까?

에세네   한 4천에서 5천 명 되었습니다.

이대로 변호사   당시 팔레스타인에 거주하는 유대인이 3백만 명 정도 되었으니까, 당신의 무리는 아주 작았겠군요?

에세네   그렇다고 볼 수 있지요.

이대로 변호사   그렇다면 예수를 메시아로 여기고 그를 따랐다고 하더라도 모두가 당신처럼 기이한 생활을 하진 않았다는 말씀이군요?

에세네   그건 그렇지요.

이대로 변호사   좋습니다. 그런데 아까 증언을 할 때 메시아가 와서 세상의 악을 모두 쓸어버린다고 했는데, 그것은 메시아가 단순히 로마군을 물리치는 것이 아니라 온 세상의 악을 제거하고 새로운 세상을 연다는 것을 의미하는 건가요?

에세네   맞습니다. 메시아는 하느님의 사자로서 세상의 모든 악을 제거하고, 모든 사람이 정의롭게 사는 새로운 세상을 열 분이지요.

이대로 변호사   존경하는 판사님, 그리고 배심원 여러분, 이 이야기를 잘 들어 주십시오. 원고 측 변호사는 유대인이 로마로부터 독립을 얻기 위해서 메시아를 기다리고 있었다고 말했습니다. 그러나 원고가 요청한 증인은 메시아가 단순히 로마군을 무찌르러 오는 것이 아니라 세상의 모든 악을 제거하고 새로운 세상을 열기 위해서 온다고 했습니다. 따라서 피고 예수는 평범한 인간일 수 없습니다. 그분은 하느님의 아들이시고, 모든 인류를 구원할 사명을 띤 분이라고 할 수 있습니다.

판사   김딴지 변호사는 메시아가 로마군을 물리칠 유대인의 왕이라고 하고, 이대로 변호사는 새로운 세상을 열 특별한 사명을 띤 사람이라고 하니 헷갈리는군요.

이대로 변호사   그렇게 헷갈리시는 것이 당연합니다. 당시 유대인은 메시아가 어떤 임무를 띠고 있는가에 대해 서로 의견이 달랐기 때문이죠. 물론 김딴지 변호사가 주장한 대로 상당수의 유대인은 메시아가 로마군을 물리쳐 줄 것이라고 생각했습니다. 그러나 피고 예수는 메시아가 모든 사람의 영혼을 구원해야 한다고 주장했습니다. 이 사실을 그의 제자인 베드로의 입을 통해서 확인시켜 드리겠습니다. 존경하는 판사님, 베드로를 증인으로 불러 주십시오.

판사   허락합니다.

왜 유다는 예수를 배반했을까?

예수는 왜 스스로
메시아라고 말했을까?

판사   증인 베드로는 증인석으로 나와 선서해 주십시오.

베드로   선서, 나 베드로는 진실만을 말할 것을 맹세합니다.

이대로 변호사는 베드로에게 다가가서 반갑다는 표정을 지으며 질문을 했다.

이대로 변호사   베드로 씨, 이렇게 만나 뵙게 되어 정말 반갑습니다. 간략하게 자기소개를 해 주시겠습니까?

베드로   나는 원래 팔레스타인의 갈릴리 호수 근처에서 고기를 잡던 어부였습니다. 그런데 어느 날 예수께서 모든 사람을 사랑하라고 말씀하시는 모습을 보고 한눈에 반해 그분의 제자가 되었지요. 예수와 나는 서로 돈독하게 지냈습니다. 그는 어디를 가든 늘 나를 데리고 다녔어요. 또 제자들을 부를 때도 항상 나를 제일 먼저 불렀지요. 물론 중요한 일도 많이 시켰고요. 얼마나 나를 아꼈으면 하늘 문을 여는 열쇠를 나에게 주셨겠습니까? 하하.

이대로 변호사 당신이 말한 것을 입증할 만한 증거가 있습니까?

베드로 증거요? 그야 당연하지요. 내 이름이 바로 그 증거입니다. 내 원래 이름은 시몬이었습니다. 어느 날 예수께서 "너는 나를 누구라고 생각하느냐?"라고 물으셨습니다. 그래서 나는 "선생님은 메시아이시고, 살아 계신 하느님의 아들이십니다"라고 대답했습니다. 그러자 예수는 "너는 나의 정체를 참으로 정확하게 알고 있구나"라고 말씀하시며, 나에게 '베드로'라는 새 이름을 주셨습니다. '베드로'는 아주 올바르고 견고하다는 의미인 '반석(磐石)'이라는 뜻을 갖고 있습니다. 예수께서 직접 이름을 지어 줄 만큼 나에게 애정이 있었다는 뜻이지요.

이대로 변호사 잘 알겠습니다. 그런데 조금 이상하군요. 예수가 메시아라는 사실이 무슨 비밀이라도 됩니까? 그것은 모두가 아는 사실 아닙니까? 그런데 당신이 예수를 메시아라고 말했다고 크게 칭찬을 받고, 그렇게 좋은 이름까지 얻다니 이해가 잘 안 되네요.

베드로 변호사님, 지금은 많은 사람이 예수를 진정한 메시아라고 생각하지만, 그 당시 예수가 메시아라는 사실을 제대로 알고 있던 사람은 몇 안 되었습니다. 더군다나 예수는 나에게 그 사실을 다른 사람에게는 알리지 말라고 당부했습니다.

왜 유다는 예수를 배반했을까?

이대로 변호사   증인에게 예수가 자신이 메시아라는 사실을 알리지 말라고 했다는 얘기군요. 그렇다면 원고가 말한 대로 피고 예수가 백성을 선동하여 로마에 반란을 일으키려 했다는 것은 터무니없는 주장이군요.

베드로   예, 그렇습니다.

이대로 변호사   존경하는 판사님, 그리고 배심원 여러분, 이 사실을 주목해야 합니다. 예수가 아끼던 베드로의 증언에 따르면 예수는 사람들을 선동하거나 로마에 반란을 일으킬 생각은 전혀 하지 않았습니다.

이대로 변호사는 증인 베드로를 내세워 배심원의 마음을 사로잡았다. 그러자 그 모습을 초조하게 지켜보던 김딴지 변호사가 자리에서 벌떡 일어났다.

김딴지 변호사　　판사님, 이제 제가 피고 측 증인에게 질문해도 되겠습니까?

판사　　그렇게 하십시오.

김딴지 변호사　　베드로 씨, 당신은 예수가 자신이 메시아라는 사실을 널리 알리지 않았다고 증언했지요?

베드로　　예, 그렇습니다.

김딴지 변호사　　증인은 지금 우리를 속이고 있습니다. 증인, 예수는 늘 자기를 '사람의 아들'이라고 불렀지요?

베드로　　예, 맞습니다.

김딴지 변호사　　판사님, 여기서 피고가 말하는 '사람의 아들'이라는 것은 말 그대로 자신이 사람의 후손이라는 뜻이 아니었습니다. 그것은 일종의 암호였습니다. 그것은 자신이 인류를 구원해 줄 메시아라고 말하는 것이었지요. 그 말이 메시아를 가리킨다는 것은 이미 많은 사람들이 알고 있지 않았습니까?

베드로　　아닙니다. 이를 아는 사람은 그렇게 많지 않았어요.

김딴지 변호사　　그럼 적어도 예수의 제자들은 다 알고 있었겠지요?

베드로　　그럴 것이라고 생각되는군요.

김딴지 변호사　　판사님, 그리고 배심원 여러분, 예수의 제자였던 베드로의 증언에 따르면 예수는 스스로 자신을 메시아라고 불렀으며, 적어도 그의 제자들은 모두 그 사실을 알고 있었다는 것을 확인할 수 있습니다.

3

메시아는 왕일까,
영혼의 구원자일까?

이대로 변호사　　판사님, 제가 증인 베드로에게 몇 가지 질문을 더
해도 되겠습니까?

판사　그렇게 하십시오.

이대로 변호사　　증인, 예수는 스스로를 '사람의 아들'이라고 말했는
데, 공개적으로 자신이 메시아라고 말하지 않고 왜 그런 암호를 사
용했지요?

베드로　예수께서는 메시아의 성격에 대해서 보통 사람과는 다른
생각을 가지고 있었던 것 같아요. 우리 제자들을 포함한 많은 유대
인은 메시아를 새로운 왕으로 생각했어요. 옛날 우리 조상들이 팔레
스타인 사람들에게 억압을 받았을 때 다윗 왕이 등장하셨죠. 그분은
돌팔매질로 적군의 장수인 골리앗을 물리쳤어요. 우리는 예수가 다

윗 왕처럼 초능력을 발휘해서 로마군을 물리쳐 주기를 바랐습니다. 예수께서는 우리가 그런 소망을 가지고 있다는 것을 잘 알고 계셨던 것 같아요.

이대로 변호사　　예수가 유대인의 소망을 알고 있었다고요? 그래서 예수는 어떻게 하였나요?

베드로　　하지만 예수께서는 백성을 이끌고 로마군을 물리칠 생각이 없어 보였습니다. 로마가 유대인을 지배하는 것을 그대로 인정하시는 것 같았어요. 그래서 "카이사르의 것은 카이사르에게 주고 하느님의 것은 하느님께 바치라"고 말씀하셨지요. '카이사르'는 로마의 황제로, 예수의 이 말은 유대인이 로마 황제의 지배를 받아들이고, 그에게 세금을 내야 한다는 것을 뜻했지요.

이대로 변호사　　예수가 로마의 지배를 당연한 것으로 여겼다고요? 그럼 메시아가 할 일은 무엇이죠?

베드로　　▶예수는 로마의 지배를 물리치는 데에 관심이 없는 듯했어요. 오직 사회에서 버림받은 불쌍한 사람들을 찾아다니는 일에 열심이었습니다. 가난한 사람, 병든 사람을 찾아다니며 좋은 말씀을 해 주시고 희망을 심어 주려고 노력했습니다. 또 온갖 죄를 지은 사람, 세금을 거두면서 돈을 빼돌린 사람, 심지어 창녀와도 함께 어울리셨죠.

이대로 변호사　　아니, 예수는 어떻게 그런 사람들과 어울릴 생각을 했을까요?

베드로　　이 변호사와 마찬가지로 그 당시에도 많은 사람

교과서에는

▶ 크리스트교는 세상의 모든 일이 신의 섭리에 따라 일어나며, 신에게 의지함으로써 인간은 마음의 위안을 받고 삶의 의미를 찾을 수 있다고 가르쳤습니다. 이로 인해서 크리스트교는 소외되고 억압받는 계층에게 빠르게 확대되었습니다.

들이 예수의 이런 행동을 의아하게 생각했습니다. 그래서 사람들이 "왜 당신은 세리와 죄인과 어울려 같이 음식을 나누어 먹습니까?" 하고 따지자 예수는 "건강한 사람에게는 의사가 필요하지 않으나 병자에게는 필요하다. 나는 의인을 부르러 온 것이 아니라 죄인을 부르러 왔다"고 대답하셨지요. 또 모든 사람은 자기 죄를 회개하고 하느님의 말씀을 받아들여야 한다고도 말씀하셨습니다.

이대로 변호사   그러니까 예수가 로마군을 물리칠 계획을 세우는 데는 관심이 없었고, 죄인을 회개시키는 데만 관심을 기울였다는 말씀이군요. 그것이 바로 예수가 생각한 메시아의 임무였나요?

베드로　그렇습니다. 예수는 세상의 왕이 되려고 오신 것이 아니라 죄인의 영혼을 구하러 오신 것이었지요.

베드로가 증언을 마치자 방청객들이 수군거리기 시작했다.

"예수가 로마군과 싸우려 한 건 아니었군."

"그분은 세상 사람들의 영혼을 구해 주기 위해서 오셨어."

이에 얼굴이 붉어진 김딴지 변호사가 다급한 목소리로 말했다.

김딴지 변호사　판사님, 로마의 총독이었던 본디오 빌라도를 원고 측 증인으로 불러 주십시오.

판사　받아들입니다. 증인 베드로는 자리로 돌아가도 좋습니다. 빌라도는 증인석으로 나와서 증인 선서를 해 주십시오.

증언을 끝낸 베드로가 증인석에서 내려와 자리로 돌아가려는 찰나 증인석으로 올라오던 빌라도와 서로 눈이 마주쳤다. 빌라도를 쳐다보는 베드로의 눈에는 노여움이 서려 있었다.

빌라도　선서, 나 빌라도는 진실만을 말할 것을 맹세합니다.

판사　증인, 자기소개를 해 주십시오.

빌라도　나는 로마 제국의 귀족이었습니다. 로마 제국이 얼마나 위대한지는 다들 알고 계시죠? 거기에 대해서는 장황하게 설명하

세리

세리는 세무 관리자를 뜻합니다. 예수 시절 유대인들은 세리를 매우 혐오했는데 그들이 침략자인 로마 제국을 위해서 세금을 징수했기 때문이지요.

지 않겠습니다. 나는 **티베리우스 황제**를 모시고 제국의 영광을 위해서 목숨을 걸고 싸웠죠. 그리고 그 능력을 인정받아서 유대 지역의 총독으로 임명되었습니다. 로마 귀족들은 유대 지역을 기피했어요. 유대인은 불평불만이 많고, 늘 불온한 생각을 품고 있었거든요. 그래서 황제께서 나를 특별히 총독으로 임명하신 것입니다.

빌라도가 자기소개를 마치자 김딴지 변호사가 그에게 가까이 다가가서 간단히 인사를 하고는 질문을 시작했다.

김딴지 변호사   안녕하세요. 이렇게 증인으로 나와 주서서 감사합니다. 당신은 예수를 재판한 사람이지요?

빌라도   네, 그렇습니다. 내가 당시 예수를 재판하였고 그에게 십자가형을 선고했지요.

김딴지 변호사   재판 당시 예수의 죄목이 무엇이었습니까?

빌라도   반역죄입니다.

김딴지 변호사   그것을 입증할 만한 증거라도 있습니까?

빌라도   물론입니다. 김딴지 변호사는 예수가 어떻게 죽었는지 알고 있습니까?

김딴지 변호사   네, 알고 있습니다. 십자가에 못 박혀 죽지 않았나요?

빌라도   맞습니다. 당시 예수는 자기가 유대인의 왕이라고 주장하면서 로마 제국에 저항하고자 했습니다. 대중의 지지를 받은 그는

왜 유다는 예수를 배반했을까?

아주 위험한 인물이었지요. 바로 그것이 예수가 반란을 꾀했다는 증거입니다. 로마 제국은 반역자들을 처벌할 때 십자가 처형법을 이용했습니다. 예수가 반란자가 아니었다면 십자가에 못 박혀 죽을 이유가 없지요.

김딴지 변호사　　그렇습니까? 일반적으로 사람들은 로마 제국이 아니라 유대의 종교 지도자들이 예수를 죽인 것으로 알고 있습니다.

빌라도　　그것은 완전히 잘못 알고 있는 것입니다. 당시 유대인은 종교적인 문제에 대해서는 스스로 재판을 할 수 있었어요. 그런데 예수가 로마인인 내게 재판을 받았다는 사실은 그가 종교적인 죄를 지은 것이 아니라 정치적인 죄, 즉 반역죄를 지었다는 것을 의미합니다. 그리고 유대인이 예수를 죽였다면 유대인의 방식대로 죽였을 것입니다. 유대인은 종교적인 죄를 지은 사람을 돌로 쳐서 죽입니다. 그것을 투석형이라고 하지요. 후에 기독교 최초의 순교자인 스테파노도 그렇게 죽었습니다.

김딴지 변호사　　아, 그래서 예수가 반역죄를 저질렀다는 거군요.

빌라도　　흠흠, 그럼 이쯤에서 예수의 십자가 처형을 묘사한 그림을 같이 보시죠. 이 그림을 보면 예수가 반역죄를 저질렀다는 것을 더욱 확실히 알 수 있을 것입니다.

김딴지 변호사　　네, 좋습니다.

빌라도　　그림 속 십자가 위에 죄명이 적혀 있는 것이 보이지요? 거기에 'INRI'라고 쓰여 있는 것에 주목해 주십시오. 그것은 '나사렛 사람 예수 유대인의 왕(Iesus Nazarenus Rex Iudaeorum)'이라는 뜻입니다.

빌라도의 증언에 한층 기분이 좋아진 김딴지 변호사가 큰 소리로 외쳤다.

김딴지 변호사　판사님, 그리고 배심원 여러분, 이 그림을 잘 봐 주십시오. 죄패에 분명히 '유대인의 왕 예수'라고 적혀 있습니다. 예수는 분명 유대인의 왕이었으며 로마에 반란을 일으킬 생각을 품고 있었습니다.

이때 이대로 변호사가 날카로운 목소리로 고함을 지르며 자리에서 일어섰다.

이대로 변호사　이의 있습니다! 원고가 제시한 증거인 예수의 죄명은 로마 제국의 재판 기록일 뿐입니다. 로마가 폭력으로 유대를 지배했는데 그 재판 기록을 어떻게 믿을 수 있겠습니까? 판사님, 빌라도가 제시한 증거를 채택하지 말아 주십시오.

판사　이의를 기각합니다. 로마 제국의 재판도 어디까지나 재판입니다. 그것이 증거로서 얼마나 가치가 있는지는 배심원이 직접 결정할 것입니다.

빌라도　예수가 유대인의 왕이라는 증거는 또 있습니다.

김딴지 변호사　그게 무엇인가요?

빌라도　예수가 태어나던 당시 로마는 헤롯 왕이 다스리고 있었습니다. 그런데 헤롯 왕은 어느 날 유대인의 왕이 태어날 것이라는 이야기를 들었지요. 그래서 헤롯 왕은 그때 태어난 두 살 미만의 아기들을 모두 죽이라고 명령을 내렸습니다. 이때 유대인의 왕이 다름 아닌 예수를 뜻한다는 사실은 누구나 짐작할 수 있지요.

김딴지 변호사　　　그런 일이 있었군요. 증언해 주셔서 감사합니다, 증인.

판사　　　자자, 재판 시간이 다 되었군요. 오늘 재판에서는 피고 예수가 메시아였는지, 메시아의 역할은 무엇인지에 대해 살펴보았습니다. 오늘 재판에서 증거로 제출한 자료와 증인들의 증언은 다음 주에 열릴 두 번째 재판에 주요한 근거가 될 것입니다. 그럼 첫 번째 재판은 이것으로 마치겠습니다.

　땅, 땅, 땅!

　　왜 유다는 예수를 배반했을까?

유대 왕국의 왕, 솔로몬의 지혜

솔로몬은 이스라엘 왕국의 제 3대 왕으로 이스라엘의 전성기를 이끌었습니다. 솔로몬은 뛰어난 지혜를 가지고 있어서 '지혜의 왕'으로 불리었는데요, 두 가지 일화를 살펴봅시다.

이야기 하나 솔로몬 왕은 기브온(고대 예루살렘 북서쪽에 있던 팔레스타인의 도시)에 가서 1만 1천 마리의 짐승을 잡아 신께 바쳤습니다. 그러자 그날 밤 하느님께서 솔로몬의 꿈에 나타나 "내가 너에게 무엇을 주었으면 좋겠는지 말해 보아라" 하고 물으셨습니다. 그러자 솔로몬은 "당신의 백성을 잘 다스리고 선과 악을 분별할 수 있는 지혜로운 마음을 주소서. 그렇지 않으면 내가 어떻게 이처럼 많은 백성을 다스릴 수 있겠습니까?"라며 하느님께 지혜를 달라고 부탁했지요. 부귀영화가 아니라 지혜를 달라고 말한 솔로몬의 대답에 하느님은 기뻐하시며 그를 축복해 주셨습니다.

이야기 둘 어느 날 두 여자가 솔로몬을 찾아와 한 아이를 두고 서로 자신의 아이라고 우겨 댔습니다. 그런데 사실 두 여자 중 한 명은 자다가 자기 아이를 깔아뭉개 죽이고, 다른 여자가 잠이 든 사이에 죽은 아이를 살아 있는 아기와 몰래 바꾸었지요. 솔로몬은 고민에 빠졌습니다. 누가 진짜 이 아이의 어머니일지 가려내는 것은 쉬운 일이 아니었기 때문입니다. 그러나 그때, 좋은 방법이 떠오른 솔로몬은 두 여자를 불러 놓고 말했습니다. "서로 살아 있는 아

솔로몬의 심판

이가 자신의 아들이라 말하니, 칼을 가져와 둘로 잘라서 한쪽씩 나누어 주거라” 하고 말입니다. 그러자 이 말을 들은 아이의 진짜 어머니는 찢어질 듯한 마음으로 왕에게 제발 아이를 죽이지 말고 다른 여자에게 주라고 간청했습니다. 반면, 다른 한 여자는 어차피 네 아이도 내 아이도 안 될 바에야 차라리 둘로 잘라 나누어 가지자고 주장했지요. 두 어머니의 반응을 살펴본 솔로몬은 아이를 죽이지 말고 살려 달라고 애걸한 여자가 진짜 어머니라고 판단했습니다. 솔로몬은 아이를 살려 달라고 애원한 여자에게 돌려주라고 판결하였고, 이 소문을 들은 유대 백성은 솔로몬의 지혜를 칭찬했지요. 과연 하느님에게 지혜를 받았다고 말입니다.

다알지 기자

　　시청자 여러분, 안녕하세요. 빛보다 빠르게 세계사법정의 사건을 속속들이 전해 드리는 법정 뉴스의 다알지 기자입니다. 오늘은 은 서른 냥에 예수를 팔아넘긴 유다가 자신이 배신자로 낙인찍힌 것이 억울하다며 예수에게 소송을 벌인 재판의 첫째 날이었는데요. 오늘 재판에는 원고 측 증인으로 에세네와 빌라도가, 피고 측 증인으로는 베드로가 나와서 증언해 주셨습니다. 원고 측 김딴지 변호사는 증인의 증언을 통해 당시 유대인이 맹목적으로 메시아를 기다린 광신도 집단이었으며, 예수는 로마에 반란을 일으키려던 반역자라고 주장했습니다. 이에 대해 피고 측 이대로 변호사는 예수가 로마를 물리치려는 데에는 전혀 관심이 없었으며, 오히려 가난한 사람, 병든 사람을 찾아다니며 희망을 심어 주기 위해 노력했다고 주장했습니다. 오늘 재판에 대해 양측 변호사는 어떻게 생각하는지 소감을 들어 보겠습니다. 먼저 원고 측 김딴지 변호사, 말씀해 주시지요.

김딴지 변호사

오늘 재판은 피고 측에서 준비를 많이 한 것 같더군요. 제가 증인으로 신청한 에세네에게 원고 변호사가 유리한 증언을 받아 낼 때에는 정말 깜짝 놀랐습니다. 하지만 진실은 변하지 않는 법이지요. 유대인은 당시 맹목적으로 메시아를 기다리고 있었습니다. 마치 광신도 집단처럼 말입니다. 예수는 로마 제국의 지배를 받으며 맹목적으로 메시아를 기다리던 유대인의 믿음을 이용해 왕이 되려고 했습니다. 이는 그가 십자가형을 받고 십자가에 못 박혀 죽은 것을 봐도 알 수 있지요. 십자가형은 반역자들을 처벌하던 방법이었으니까요! 또한 예수가 십자가에 못 박혔을 때 달아 두었던 죄패를 보아도 예수가 반역자라는 사실이 다시 한 번 명백해집니다. 오늘 재판에서 처음에는 좀 많이 밀리다가 마지막에 상당히 만회한 느낌이 드는데, 다음 재판에서 더 매서운 공격을 퍼붓겠습니다.

왜 유다는 예수를 배반했을까?

이대로 변호사

오늘 재판에서 이대로 변호사가 부른 원고 측 증인인 에세네로부터 유리한 증언을 이끌어 낸 것이 가장 좋은 수확이었습니다. 원고 측 증인의 입으로 로마군을 무찌르기 위해서가 아니라 세상의 모든 악을 제거하고, 모든 삶을 정의롭게 만들기 위해 메시아가 왔다는 말을 들을 줄은 정말 상상도 못 했습니다. 이번 재판을 위해서 여러 날 준비해 온 것이 오늘 빛을 발하게 된 것 같아 대단히 기쁩니다. 지금 피고 예수께서는 어둠이 빛을 이기지 못한다는 절대적 신념을 가지고 재판에서 반드시 승리할 것이라고 믿고 계십니다. 이에 저도 전문 학자들을 여러 명 초청해 계속 밤새워 공부하고 있습니다. 다음 재판 때는 해박한 지식을 바탕으로 김딴지 변호사를 압도하겠습니다.

예수의 가르침은 무엇일까?

1. 유대교의 핵심은 무엇일까?
2. 예수는 유대교를 없애려고 했을까?
3. 유대인은 왜 예수를 싫어했을까?

유대교의 핵심은
무엇일까?

김딴지 변호사　　오늘 재판할 내용은 예수가 무엇을 가르쳤는지에 관해서입니다. 지난번 재판 때 예수가 메시아라고 주장한 사실은 밝혀졌는데, 메시아로서 그가 맡았던 임무에 대해서는 계속 논쟁이 있었습니다. 저와 이대로 변호사는 예수가 무엇을 가르쳤는지를 명확하게 알아야 예수가 했던 일에 대해서 파악할 수 있다는 데 합의했습니다. 그래서 오늘은 그 문제를 중심으로 논쟁을 하기로 하였습니다.

판사　　아, 그래요? 예수의 가르침을 들을 수 있는 뜻깊은 시간이 되겠군요. 그럼 오늘은 피고 측의 이대로 변호사가 먼저 변론을 시작하는 것이 좋겠네요. 이대로 변호사 시작해 볼까요?

이대로 변호사　　존경하는 판사님, 그리고 배심원 여러분, 예수가 무엇을 가르쳤는지 알기 위해서는 먼저 유대교에 대해 알아야 합니다. 왜냐하면 예수가 유대교의 나쁜 점을 완전히 없애고 사랑을 실천하는 새로운 종교를 만들려고 했기 때문입니다. 판사님, 피고 예수를 불러 직접 들어 보는 것이 어떻겠습니까?

판사   네, 좋은 생각입니다.

온화한 얼굴에 살짝 미소를 머금은 예수가 앞으로 나서자 재판정이 환하게 밝아지는 듯했다.

"저리 비켜 봐. 예수님 옷자락이라도 한번 만져 보게."

"아, 이렇게 예수님 얼굴을 직접 보게 되다니 믿기지 않아. 나도 이제 천국에 갈 수 있겠는걸."

배심원들은 예수의 얼굴을 보기 위해 서로 고개를 내밀며 호들갑을 떨었다.

이대로 변호사   우선 자기소개를 해 주시겠습니까?

예수   사람들은 나를 세계 4대 성인 중 한 명이라고 하지만, 나는 지극히 작은 자 중의 작은 자입니다. 나의 어머니 마리아는 결혼을 하지 않은 채 성령으로 나를 낳았습니다.

이대로 변호사   예수의 아버지는 요셉이라고 들었는데, 어머니가 결혼을 하지 않고 피고를 낳았다고요?

예수   당시 결혼을 하지 않은 여자가 아이를 낳으면 처형을 당했기 때문에 어머니의 약혼자였던 요셉이 나의 아버지를 자청하고 나

섰던 겁니다.

이대로 변호사   그런 사정이 있었군요. 그런데 피고는 마구간에서 태어났다고 알려져 있는데요. 대체 왜 그런 곳에서 태어나게 된 겁니까?

예수   당시 로마 제국의 황제는 모든 사람에게 출생 도시로 가서 호적 등록을 하라고 명령했습니다. 그래서 만삭의 마리아와 요셉은 베들레헴을 향했지요. 워낙 많은 사람들이 호적 등록을 하러 베들레헴으로 몰려들었기 때문에 마리아와 요셉은 잠을 잘 곳을 찾지 못했고, 결국 마구간에서 나를 낳게 된 겁니다.

왜 유다는 예수를 배반했을까?

이대로 변호사   피고는 유대교의 핵심이 무엇인지 설명
해 주시겠습니까?

예수   네, 알겠습니다. 유대인의 조상은 아브라함인데,
아브라함은 하느님의 사랑을 받아서 다신교를 버리고 오
로지 유일신인 야훼만을 숭배하였습니다. 그때 하느님은
그런 아브라함을 사랑해서 그의 후손에게 복을 주겠다고
약속했습니다. 유대인은 이렇게 자신들이 하느님으로부터 약속을
받았다고 주장하면서, 자신들을 '언약의 백성'이라고 불렀습니다.

이대로 변호사   유대인이 하느님의 약속을 받았다면, 선택된 사람
이란 말입니까?

예수   네, 그렇습니다. 유대인은 이때부터 자신들이 하느님의 선
택을 받은 특별한 사람들이라고 주장했는데, 이를 선민의식이라고
합니다. 한마디로 유대인은 잘났고 유대인이 아닌 다른 사람은 모두
천한 사람이라는 생각이지요. 이후 유대인은 늘 다른 사람을 무시하
는 태도를 취하곤 했습니다. 물론 그것은 하느님의 참뜻이 아닙니
다.

이대로 변호사   그럼, 하느님의 참뜻은 무엇인가요?

예수   하느님은 우상 숭배를 버리고 하느님만을 숭배하기로 결심
하는 자라면 누구든지 똑같이 사랑해 주십니다. 그런데 많은 유대인
은 하느님의 사랑을 받고도 죄를 범하고 또 무엇이 죄인지도 몰랐습
니다. 그래서 하느님은 모세를 통해서 613가지의 금기 사항을 내렸
습니다. 이것을 율법이라고 하는데, 그중에서 열 가지를 **십계명**이라

선민의식
이스라엘 사람들이 느끼는 종교
적이고 민족적인 우월감으로 하
느님이 세계의 모든 백성 가운
데에서 유일신(唯一神)을 믿는
이스라엘 백성만을 선택했다고
믿는 의식입니다.

십계명
1. 나 외에 다른 신을 섬기지 말라.
2. 너를 위하여 우상을 만들지 말고 우상에게 절하지 말라.
3. 하느님 야훼의 이름을 망령되이 일컫지 말라.
4. 안식일을 거룩히 지켜라.
5. 네 부모를 공경하라.
6. 살인하지 말라.
7. 간음하지 말라.
8. 도적질하지 말라.
9. 이웃을 해하려고 거짓 증언을 하지 말라.
10. 네 이웃의 것은 무엇이든지 탐내지 말라.

고 합니다. 십계명에 대해서는 다들 들어 보셨겠지요?

"십계명? 아, 그 명작으로 꼽힌다는 옛날 영화 〈십계〉를 말하는 건가? 모세랑 파라오로 나온 배우가 굉장히 멋지던데."

"영화 〈십계〉? 거기에 모세가 나왔던가? 십계명은 우리 집 벽에도 붙어 있는데?"

방청객들이 여기저기에서 수군거리기 시작했다.

예수   하느님으로부터 율법을 내려받은 이후 유대인은 율법을 지키는 데는 열심이었습니다. 그러다 나중에는 그만 그런 금기 사항이 왜 만들어졌는지는 잊어버리고 형식적으로 지키는 데만 골몰했지요.

이대로 변호사   어떻게 형식만 지켰다는 말입니까?

예수   가령 하느님이 안식일을 거룩하게 지키라고 명령했더니, 안식일에는 2천 걸음 이상 걸으면 안 된다는 조항을 만들어서는 안식일 내내 자신이 몇 걸음을 걸었는지 세고 있었습니다. 그리고 죄를 지은 사람은 예루살렘 성전에 가서 양을 바치면 용서를 받을 수 있다고 가르쳤더니, 아무 거리낌 없이 죄를 짓고 양만 갖다 바쳤습니다. 그렇게 바쳐진 양은 도살해서 태웁니다. 그래서 예루살렘 성전에는 하루 종일 양 잡는 소리, 피 냄새, 연기 냄새가 진동하곤 했습니다.

이대로 변호사   보십시오. 유대교를 믿는 유대인은 자신들만이 선

택받은 민족이라는 선민의식에 사로잡혀 성전에 제사를 지냈습니다. ▶선민의식, 율법, 성전 제사가 유대교의 핵심이지요.

김딴지 변호사 이의 있습니다, 판사님. 당시 전 세계적으로 신에게 동물을 바치는 일은 너무나 일반적이었고, 지금도 유대인의 풍습과 비슷한 풍습을 가진 민족이 많습니다. 우리의 고유한 문화가 존중받아야 하듯이 유대인의 종교적인 풍습 역시 존중받아야 하는 것입니다.

판사 이의를 받아들입니다.

김딴지 변호사 판사님, 새로운 증인을 모셔서 당시 유대

교과서에는

▶ 예수는 유대교의 선민사상과 형식적인 율법을 거부하였습니다. 대신에 민족과 신분을 초월한 사랑과 믿음을 통한 영혼의 구원을 강조하였지요.

성경

여기서 성경은 구약 성경을 이야기해요. 구약 성경은 원래 유대인의 경전인데, 기독교가 그 경전을 받아들여서 구약 성경이라는 명칭을 붙였어요. 기독교에서 예수가 온 이후에 쓰인 경전들은 신약 성경이라고 부르고 있답니다.

교의 참모습을 살펴보는 것이 좋겠습니다. 새로운 증인으로 다른 누구보다도 성실히 율법을 준수했고, 열심히 공부해 백성으로부터 존경받았던 유대교의 랍비, 바리사이를 모시고자 합니다. 허락해 주십시오.

판사 허락합니다. 증인 바리사이는 나와서 선서를 해 주세요.

바리사이 선서, 나 바리사이는 진실만을 말할 것을 맹세합니다.

김딴지 변호사가 들뜬 표정으로 증인에게 다가가 가볍게 목례를 하고는 질문을 시작했다.

김딴지 변호사 증인, 자기소개를 부탁드립니다.

바리사이 나는 유대교의 랍비입니다. 랍비는 율법을 가르치며 종교 생활을 지도하는 선생님이지요. 선생 노릇을 하려면 공부를 많이 해야 합니다. 나는 밤낮으로 성경을 읽고 연구해서 누구보다도 유대교에 대해서 잘 알았지요. 나는 또한 단순히 아는 것에 그치지 않고 율법을 정말 철저하게 지켰습니다. 그래서 백성이 나를 존경했지요. 예수도 그것을 잘 알고 있었습니다. 그래서 예수는 율법학자들에게 "잘 들어라. 너희가 율법학자 바리사이파 사람들보다 올바르게 살지 못한다면 결코 하늘나라에 들어가지 못할 것이다"라고 말했지요.

김딴지 변호사 음, 그렇게 훌륭한 분을 모시게 되어서 영광입니다.

조금 전 피고가 유대교의 핵심이 선민의식, 율법, 성전 제사라고 했는데 맞습니까?

바리사이　대략 맞는 이야기라고 볼 수 있습니다. 내가 조금 더 자세하게 설명해 드리지요. 우리 유대교에는 중요한 3가지 핵심이 있습니다. 바로 선민의식, 율법, 성전 제사입니다. 먼저 우리 유대교에서 말하는 선민의식을 설명해 드리지요. 선민(選民)이란, 한자로 가릴 '선' 자에 백성 '민' 자를 쓰는데 백성 중에서 가려 뽑았다는 뜻이지요. 즉, 선택된 백성이란 말입니다. 하지만 우리는 단지 유대인의 피를 타고났다고 해서 선민이라고 생각한 것은 아닙니다. 우리는 누구든지 **할례**를 받고 율법을 지키기로 약속한다면 기꺼이 동료로 받아들였지요. 심지어 종교를 바꾼 사람이라 할지라도 어떠한 차별 대우를 하지 않았습니다. 따라서 우리 유대교는 유대 백성만이 믿는 종교가 아닙니다.

김딴지 변호사　선민의식이 나쁜 게 아니란 말인가요?

바리사이　그렇지요! 선민의식이라는 단어를 이야기하면 사람들은 무조건 부정적으로 보려고 해요. 하지만 하느님이 특별히 선택한 백성이라는 의식을 갖게 되면 사람들은 거기에 걸맞게 행동하려고 합니다. 그래서 우리 유대인은 죄를 짓지 않고 착한 일을 하는 데 누구보다 더 열심이었어요. 따라서 우리 유대인의 선민의식은 자부심이라고 말할 수 있지요. 자기에 대한 자부심을 갖는 것이 얼마나 좋은 일입니까? 자부심이 없으면 사람은 올바르게 살 수 없어요.

김딴지 변호사　그러니까 유대인 외의 다른 사람들을 무시한 게 아

할례
할례란, 남자 성기의 표피를 제거하는 것으로 현대의 포경 수술에 해당해요. 유대인에게 할례는 하느님과 계약을 맺는다는 의미랍니다.

니라 선민의식이란 자부심을 가지고 더 열심히 살았단 말이군요. 그럼 율법에 대해서도 설명해 주시겠습니까?

바리사이　우리는 율법을 지키는 것을 중요하게 여겼습니다. 하느님이 내리신 금기 사항을 철저히 연구하고 지키는 것이 뭐가 잘못이란 말입니까? 피고 측 변호사는 우리가 안식일에 2천 걸음 이상을 걷지 않는 등 이상한 행동을 한다고 비난했어요. 그런데 그것이 다른 사람에게 피해를 주기라도 했습니까?

김딴지 변호사　물론 아니지요.

　　김딴지 변호사는 자기가 불러온 증인 바리사이가 갑자기 손가락질을 하며 따지고 들자 당황하여 진땀을 흘렸다.

바리사이　그것은 오히려 많은 사람에게 도움을 줍니다! 가난한 사람은 대개 부자에게 고용되어 일을 하지요. 다른 나라의 가난한 사람들을 한번 보세요. 그들에게 쉬는 날이라곤 없었습니다. 바쁠 때는 며칠이고 쉬지 않고 계속 일을 해야 하지요. 그렇지만 우리나라에서는 가난한 사람들도 안식일에는 확실히 쉴 수 있습니다. 안식일 계명 때문에 부자가 가난한 사람에게 일을 시킬 수 없었기 때문이죠.

김딴지 변호사　아, 증인, 화가 많이 난 것 같습니다. 우선 진정해 주시지요.

바리사이　지상의 대한민국이라는 나라에 '구슬이 서 말이라도 꿰

어야 보배'라는 속담이 있지 않습니까? 아무리 내용이 좋아도 모양
이 나쁘면 소용이 없습니다. 우리는 형식만을 추구하면서 내용을 망
각하는 사람들이 아닙니다. 우리는 하느님께서 '이웃을 사랑하라'는
계명을 주셔서 과부와 고아를 돌보는 여러 제도도 만들었어요! 가령
추수를 할 때 밭에 떨어진 것은 줍지 않았어요. 그것은 과부들의 몫
이라고 생각했거든요. 이런데도 우리를 형식에만 얽매였다며 비난
할 수 있습니까?

김딴지 변호사 네, 증인, 잘 알겠습니다. 맺힌 게 좀 많았나 봐요.

바리사이 아, 이거 죄송합니다. 워낙에 할 말이 많다 보니……. 우리 유대교의 세 번째 핵심은 성전에서 제사를 드리는 것인데요. 사람들은 우리가 죄를 짓고도 제사를 드리기만 하면 된다고 생각했기 때문에 아무렇지도 않게 죄를 지었다고 말하는데, 그런 엉터리 말이 어디 있습니까? 그때 양 한 마리 값이 얼마나 비쌌는지 알고나 하는 말입니까? 적어도 열흘 치 일당을 모아야 겨우 한 마리를 살 수 있을 정도였습니다. 자, 기독교 교회에서 죄를 용서받으려면 1백만 원씩 교회에 갖다 바쳐야 한다고 가르쳤다고 가정해 봅시다. 그럼 기독교 신자들이 죄를 함부로 지을 수 있겠습니까? 기독교 교회에서 아무 것도 바치지 않고 '믿습니다. 용서해 주십시오'라고 외치면 죄를 용서해 준다고 가르치니까, 사람들이 더 함부로 죄를 짓는 것은 아닐까요?

이대로 변호사　이의 있습니다. 증인은 주제를 벗어나서 엉뚱한 이야기를 하며 기독교 신자들을 모독하고 있습니다. 즉각 중단시켜 주십시오.

판사　받아들입니다. 증인은 다른 종교 이야기는 하지 말고, 유대교 이야기만 하십시오.

이대로 변호사　존경하는 판사님, 제가 원고 측 증인에게 질문해도 되겠습니까?

판사　그렇게 하십시오.

이대로 변호사　증인, 이야기 잘 들었습니다. 당신은 유대인이 누구든지 유대교를 믿기만 하면 동료로 받아들이기 때문에 유대교가 유대인만의 종교가 아니라고 주장했습니다. 그런데 유대교라는 명칭

자체가 유대인이 믿는 종교라는 뜻 아닙니까? 도대체 유대인 말고 누가 유대교를 믿는단 말입니까?

바리사이　다른 종족으로 태어났지만 유대교로 개종한 사람들도 있어요.

이대로 변호사　그런데 당신들은 다른 종족과 어울리지 않고 따로 살았지요? 그렇다면 유대교로 개종하려는 사람은 자기의 고향, 친척을 떠나서 유대인이 사는 마을로 이사를 해야 되는 것 아닙니까?

바리사이　그야, 율법을 지키려면 다른 종족과 어울려 살 수가 없으니 어쩔 수 없는 일이지요. 가령 우리는 돼지고기도 먹지 않고, 다른 신에게 바친 고기도 먹지 않아요. 다른 종족들은 우리의 규칙을 모르니까, 같이 살기 힘들어요. 그렇다고 우리가 다른 종족을 미워하거나, 어울리는 것을 싫어해서 그런 것은 아니에요. 우리 유대인은 국제적인 상인으로도 유명했는데 상인이 사람들을 만나지 않고 어떻게 장사를 할 수 있겠어요? 유대인은 누구를 만나도 상관이 없습니다. 다만 같이 살지만 않으면 되지요.

이대로 변호사　그렇게 궁색한 답변만 늘어놓지 말고 제 말에, '예, 아니오'로 답해 주십시오.

김딴지 변호사　이의 있습니다. 피고 측 변호사는 증인을 위협하고 있습니다.

판사　기각합니다. 단지 사실을 명확하게 진술해 달라는 요청인 것 같습니다. 증인 답변하세요.

바리사이　흠……. 유대인끼리 모여 살기는 합니다.

이대로 변호사　존경하는 판사님, 배심원 여러분, 증인의 이 말을 잘 들어 주십시오. 바리사이 씨는 누구든지 원하기만 하면 유대교를 믿을 수 있다고 했지만, 유대교로 개종하려면 반드시 자기 고향, 친척을 떠나서 유대인이 사는 공동체로 들어가야 했습니다. 그런 상황에서 과연 얼마나 많은 사람이 유대교를 믿을 수 있겠습니까?

판사　네, 일리 있는 주장 같군요. 이 변호사 계속 질문하세요.

이대로 변호사　네, 그럼 다음으로 증인에게 율법의 형식에 대해서 묻겠습니다. 증인은 율법의 내용과 형식이 조화를 이루어야 한다고 말씀하셨습니다. 맞습니까?

바리사이　네. 맞습니다. 당연한 거 아닌가요?

이대로 변호사　당신같이 뛰어난 사람에게는 율법을 모두 지키는 것이 어렵지 않았겠지만, 하루 벌어서 간신히 하루를 먹고살아야 하는 일반 백성도 그럴 수 있었을까요? 일반 백성이 복잡한 율법을 모두 알기는 힘들 뿐만 아니라, 까다로운 율법을 지키는 것은 불가능했을 것 같은데요. 가령 율법에는 죽은 동물을 만지면 부정을 탄다고 했고, 부정을 탄 사람이 만진 것에 손을 대면 그 사람 역시 부정해진다고 말했습니다. 그렇다면 그것은 결국 동물을 만진 사람은 하루 종일 일도 하지 말라는 말 아닙니까?

바리사이　그야, 동물의 사체를 만지면 전염병에 걸릴 우려가 있어서 그런 것 아닙니까.

이대로 변호사　계속 변명하지 말고 '예, 아니오'로 분명하게 대답해 주십시오.

바리사이　　　예. 뭐, 그렇긴 합니다.

이대로 변호사　　　존경하는 판사님, 그리고 배심원 여러분, 이 말을 잘 들어 주십시오. 율법의 규정은 너무나 까다로웠고, 율법을 완벽하게 지키는 것은 일반 백성에게는 매우 힘든 일이었습니다.

판사　　　유대교에서 지켜야 하는 까다로운 율법이 또 있나요?

이대로 변호사　　　물론입니다. 바리사이 씨, 하나 더 질문 하겠습니다. 유대교의 교리에 따르면 장애아로 태어나거나 전염병에 걸리는 것은 하느님의 벌을 받았기 때문이라고 하는데, 이 말이 사실인가요?

바리사이   그렇게 생각하는 사람들이 많았습니다.

이대로 변호사   그렇다면 당신들은 팔다리에 장애가 있는 사람, 또는 장님이나 귀머거리, 피부에 심한 병이 있는 사람을 어떻게 대했습니까?

바리사이   그런 사람들은 죄를 지었기 때문에 그런 벌을 받은 것입니다. 그래서 우리는 그런 사람들과 어울리지 않았습니다.

이대로 변호사   알겠습니다. 그러니까 당신들의 율법은 그런 사회적 약자를 전혀 배려하지 않았군요. 우리의 피고인 예수는 바로 이 점을 고치려고 했던 것입니다. 그는 사람들 사이에는 어떤 차별도 존재해서는 안 된다고 생각했지요.

바리사이   …….

이대로 변호사   그리고 성전 제사에 대해서 질문 하겠습니다. 증인은 당시 양이 비쌌기 때문에 오히려 사람들이 죄를 짓지 않았다고 했는데요. 부자든, 가난한 자든 누구나 죄를 지을 수 있습니다. 그런데 부자는 죄를 지으면 양을 갖다 바칠 수 있지만 가난한 사람은 그렇게 하기 힘들지요. 이것은 돈 있는 사람은 구원을 받고, 돈 없는 사람은 구원을 받지 못한다는 이야기가 됩니다. 더욱이 당신네 유대인은 장애인, 병자는 더럽다고 성전에 들어가지도 못하게 했잖아요. 그런 사람들은 죄를 지어도 제사를 지낼 수가 없었지요.

바리사이   그런 면이 없는 것은 아니지만, 도살한 양고기를 사람들에게 나누어 주는 경우도 많았어요.

이대로 변호사   존경하는 판사님, 배심원 여러분, 바리사이 씨는 결국 성전 제사에 문제가 있다는 것을 인정했습니다. 어떻게 양을 바치면 죄를 용서받는다는 엉터리 같은 말을 믿을 수 있습니까?

김딴지 변호사 　 이의 있습니다. 피고 측 변호사는 유대인의 고유한 신앙을 모독하고 있습니다.

판사 　 인정합니다. 피고 측 변호사는 감정적인 단어는 사용하지 마십시오. 양측 변호사와 증인의 발언을 들어 보니, 유대교의 핵심은 선민의식, 율법, 성전 제사라고 할 수 있군요. 그것을 어떻게 평가하고, 해석할지에 대해서는 여러 의견이 있는 것 같고요. 그럼 예수는 도대체 무엇을 하려고 했습니까? 피고 측 변호사 이야기해 보십시오.

2

예수는 유대교를
없애려고 했을까?

이대로 변호사　　예수는 먼저 유대인의 선민의식을 비판했습니다. 혹시 여러분 중 '선한 사마리아인'의 이야기를 들어 보신 분이 있습니까? 그것은 『신약 성서』에 나오는 이야기인데요. 한 율법 교사가 예수께 와서 자신의 이웃이 누구냐고 물어보았을 때 예수가 대답한 것입니다. 「누가복음」 10장 30~37절까지 제가 한번 읽어 보겠습니다.

어떤 사람이 예루살렘에서 예리고로 내려가다가 강도를 만났다. 강도는 그 사람이 가진 것을 모조리 빼앗고 마구 두들겨서 반쯤 죽여 놓고 갔다. 마침 한 유대교 사제가 바로 그 길로 내려가다가 그 사람을 보고는 피해서 지나가 버렸다. 또 레위 사람도 거기까지 왔다가 그 사람을 보고 피해서 지나가 버렸다. 그런데 길을 가던 어떤 사마리아 사람은 그를 보고는 가엾은 마음이 들어 가까이 가서 상처에 기름과 포도주를 붓고 싸매어 주었다. 그러고는 자기 나귀에 태워 여관으로 데려가서 간호해 주었다. 다음 날은 자기 주머니에서 돈 2데나리온을 꺼내어 여관 주인에게 주면서 '저 사람을 잘 돌보아 주시오. 비용이 더 들면 돌아오는 길에 갚아 드리겠소' 하며 부탁하고 떠났다. 예수가 율법 교사에게 "자, 그러면 이 세 사람 중에서 강도를 만난 사람의 이웃이 되어 준 사람은 누구라고 생각하느냐?"고 묻자, 율법 교사가 "그 사람에게 사랑을 베푼 사람입니다" 하고 대답했다. 그러자 예수께서는 "너도 가서 그렇게 하여라" 하고 말씀하셨다.

「누가복음」
기원후 80년경 누가가 이방인 신자를 가르치기 위하여 기록한 복음서입니다.

레위
레위는 유대의 12지파 가운데 하나로 제사를 책임지는 지파를 말해요. 유대의 12지파란 유대인의 시조(始祖)인 야곱의 열두 아들의 자손을 말하는데, 각각 유다, 르우벤, 갓, 아셀, 납달리, 므낫세, 시몬, 레위, 잇사갈, 스불론, 요셉, 베냐민이에요. 이중 레위 지파는 자기 직업을 가질 수 없었고 전적으로 성전 봉사만 담당했답니다.

데나리온
데나리온은 로마의 은화로, 노동자의 하루 일당은 1데나리온이었습니다.

여기에 등장하는 사제는 성전에서 제사를 주관하는 사람이니까 유대인 중의 유대인이라고 할 수 있습니다. 반면에 사마리아인은 유대인으로부터 이방인이라고 경멸을 당했던 사람들이지요. 그런데 예수는 율법을 지키고, 제사를 주관하는 사제라고 할지라도 어려움에 처한 사람을 돕지 않는다면 이웃이 아니며, 경멸받고 있는 이방인일지라도 이웃을 돕는다면 진정한 이웃이라고 말씀하고 계십니다.

이대로 변호사의 달변에 침묵을 지키고 있던 김딴지 변호사가 설

욕을 다짐하며 굳은 표정으로 일어났다.

김딴지 변호사   예수가 유대인의 선민의식을 비판하고 이방인에게
적극적으로 복음을 전파하려고 했다고요? 그런 말도 안 되는 소리
는 하지도 마십시오. 그것은 거짓말입니다. 저는 예수가 오직 유대
인만을 구원하려고 했다는 명백한 증거를 제시하겠습니다. 이대로
변호사가 성경을 인용했으니까, 저도 성경을 인용해보겠습니다. 예
수는 자신이 세상을 구원하러 왔음을 널리 알리라며 제자들을 보내
면서 이렇게 말했습니다. 「마태복음」 10장 5~7절을 보시지요.

왜 유다는 예수를 배반했을까?

이방인들이 사는 곳으로도 가지 말고 사마리아 사람들의 도시에도 들어가지 마라. 다만 이스라엘 백성 중에 길 잃은 양들을 찾아가라. 가서 하늘나라가 다가왔다고 선포하여라. 앓는 사람은 고쳐 주고 죽은 사람은 살려 주어라. 나병 환자는 깨끗이 낫게 해 주고 마귀는 쫓아내어라. 너희가 거저 받았으니 거저 주어라.

마태복음
초대 교회의 지도자들은 예수의 열두 제자들 가운데 한 사람인 마태오가 히브리어로 마태오 복음서를 썼으며, 후대의 어느 누군가가 그것을 그리스어로 번역했다고 추정하고 있습니다.

이 구절에서 우리는 예수가 이방인에게 복음을 전파할 생각이 전혀 없었다는 것을 명확하게 알 수 있습니다. 율법에 대해서도 마찬가지입니다. 예수는 유대교의 율법에 대한 태도를 개혁할 생각이 전혀 없었습니다. 이는 예수의 율법에 대한 태도를 보면 아주 명백하게 드러납니다. 「마태복음」 5장 17~18절에서 예수는 이렇게 말했습니다.

내가 율법이나 예언서의 말씀을 없애러 온 줄로 생각하지 마라. 없애러 온 것이 아니라 오히려 완성하러 왔다. 분명히 말해 두는데, 천지가 없어지는 일이 있더라도 율법은 일 점 일 획도 없어지지 않고 다 이루어질 것이다.

자기가 자기 입으로 율법을 없애러 온 것이 아니라 완성하러 왔다고 하지 않았습니까? 이보다 더 명확한 증거가 어디 있겠습니까?

이대로 변호사　　판사님, 김딴지 변호사의 발언에 이의 있습니다. 예수가 어떤 일을 했는지, 제대로 설명할 기회를 주시지요.

판사 그렇게 하세요.

이대로 변호사 예수가 율법의 폐지를 두고 많은 유대인과 논쟁을 벌인 것은 세상이 다 아는 사실입니다. 먼저 김딴지 변호사가 제시한 예수의 말부터 해명해 드리겠습니다. 예수가 "율법을 폐지하러 온 것이 아니라 완성하러 왔다"고 말한 것은 사실입니다. 원래 율법은 유대인을 정의로운 길로 이끌기 위해서 하느님께서 내리신 것입니다. 그래서 예를 들어 많은 사람이 부모 공경을 소홀히 하는 것을 보고 부모를 공경하라는 율법을 내리셨어요. 그런데 유대 율법에서는 하느님을 공경하는 것이 우선이기 때문에 사람들이 부모를 공양하지 않더라도 대수롭지 않게 여겼습니다. 그러니 유대교를 믿는 사람들은 불효를 저지르고도 ▶부모님께 드릴 것을 하느님께 바쳐 버렸다고 핑계를 대곤 했어요.

"정말 부모님을 버리고 하느님을 택했다는 거야?"
"신앙심이 깊다 보면 그럴 수도 있겠지!"
　　　　　이대로 변호사의 말을 듣고 있던 방청객들이 놀라서 저마다 한마디씩 했다.

교과서에는

▶ 하느님께 바친 것을 코르반이라고 하는데, 나쁜 유대인은 부모를 공양하고 "코르반 했다"고 외치곤 했어요.

이대로 변호사 유대인 가운데 율법을 악용해서 나쁜 짓을 하는 사람들이 있었지요. 예수는 사악해진 사람들을 비판하고, 율법을 바로잡기 위해서는 처음 율법을 만들 때의

정신으로 돌아가야 한다고 생각했습니다. 예수는 그것을 바로 율법의 완성이라고 보았지요. 그래서 예수는 율법의 조항 하나하나에 집착하거나, 또 한 조항을 이용해서 다른 조항을 무시하는 상황을 근본적으로 개혁해야겠다고 생각했습니다. 그러자면 율법의 근원이 되는 정신을 간단하게 가르치는 것이 필요하다고 생각하셨어요. 그래서 「요한복음」 13장 34~35절에서

새 계명을 너희에게 주노니 서로 사랑하라. 내가 너희를 사랑한 것같이 너희도 서로 사랑하라. 너희가 서로 사랑하면 이로써

모든 사람이 너희가 내 제자인 줄 알리라.

고 말씀하신 것입니다. 따라서 근본정신으로 돌아가자는 이야기는 현재의 잘못된 상태를 근본적으로 바로잡자는 이야기이지요.

이대로 변호사의 뛰어난 변론을 듣고 있던 방청석에서 감탄사가 흘러나왔다.

"아! 그렇구나!"

"그래, 그러니까 예수님이 세계 최고의 성인이시지."

"저 변호사, 정말 멋진데!"

"사랑해요, 이 변호사님."

분위기가 심상치 않게 돌아가고 있다는 것을 깨달은 김딴지 변호사는 반전을 모색하며 새로운 주제를 꺼내 들었다.

김딴지 변호사   아, 그래요. 예수가 정말 그렇게 훌륭한 성인이었나요? 그런데 제가 알기로 예수는 성질이 불같았고, 사람들에게 욕을 퍼붓기도 했다던데요. 예수는 결코 점잖고, 온유하고, 선량한 사람이 아니었습니다. 이를 입증해 줄 새로운 증인을 모시고 싶습니다. 존경하는 판사님, 예루살렘 성전의 사제인 사두가이를 증인으로 불러 주십시오.

판사   허락합니다. 증인은 증인석으로 나와서 선서를 해 주세요.

사두가이   선서, 나 사두가이는 진실만을 말할 것을 맹세합니다.

김딴지 변호사는 사두가이에게 다가갔다. 가볍게 목례를 하고는 질문을 시작했다.

김딴지 변호사　　바쁘실 텐데 증인으로 나와 주셔서 감사합니다. 간략하게 자기소개를 해 주시겠습니까?

사두가이　　살아 있을 때는 하루 종일 소 잡고, 양 잡고, 제사를 지내느라고 바빴는데 요즈음은 찾는 사람이 없어서 한가하게 지내고 있습니다. 오히려 불러 주셔서 감사합니다. 그런데 세상에 공짜는 없는 법인데, 증인 수당은 있겠지요? 헤헤.

김딴지 변호사　　그런 걱정은 하지 않으셔도 됩니다. 여기까지 오시느라 쓰신 여비는 꼭 챙겨 드리겠습니다.

사두가이　　그렇다면야 증인으로서 성실히 임해야지요. 나는 예루살렘 성전에서 제사를 책임지는 사제였습니다. 당시 사람들은 죄를 짓거나 하느님께 감사드릴 일이 있으면 소, 양, 비둘기 같은 것을 가져왔고 나는 그걸 잡아서 하느님께 제사를 드렸지요. 사람들은 우리에게 그 일을 맡긴 대가로 수입의 10분의 1인 십일조를 바쳤지요. 그리고 성전에 세금도 냈고요.

김딴지 변호사　　성전에 세금도 냈다고요?

사두가이　　네, 그렇습니다. 모든 유대인이 세금을 냈기 때문에 예루살렘 성전의 금고에는 돈이 차고 넘쳤습니다. 그래서 나와 내 동료들은 아주 잘살았어요. 로마 제국이 유대를 정복했을 때도 우리는 아무런 타격을 받지 않았습니다. 우리가 로마의 지배에 협력했기 때 유월절은 유대인의 최대 명절로 '유월(逾越)'이란 '지나치다' '그냥 넘어가다'라는 뜻이에요. 무엇을 그냥 넘어갔다는 걸까요? 유대인은 이집트에서 종살이를 하다가 탈출하려고 했는데 이집트인은 그들을 놓아주지 않았어요. 이집트인이 유대인의 탈출을 방해하자, 하느님은 이집트에 살고 있는 모든 큰아들을 죽이기로 결정했어요. 그때 유대인에게는 양의 피를 문기둥에 발라 놓으면 이를 피할 수 있다고 알려 주었지요. 유월절은 이런 하느님의 은총을 기념하는 축제로, 예수는 자가에서 죽기 전날 예루살렘에서 제자들과 함께 유월절을 지켰고, 이것이 최후의 만찬이 되었답니다.

문에 로마 제국도 우리를 적극적으로 보호해 주었지요.

김딴지 변호사　　예, 잘 알겠습니다. 유대교의 제사를 책임지고, 예루살렘 성전을 관리하면서 부유하게 사셨다니, 증인은 유대의 상류층 인사셨군요. 증인은 예수를 만나 본 적이 있으신가요?

사두가이　　예수라……. 아! 그 폭력배 말인가요? 그때가 아마 기원후 33년이었을 거예요. 유월절이 다가오고 있어서 성전에 사람들이 아주 많았고, 우리는 정신없이 바빴습니다. 그때가 되면 양을 수만 마리나 잡아야 했거든요. 그런데 갑자기 성전에서 큰 소동이 일어났어요. 난리도 아니었죠.

김딴지 변호사　　얼마나 큰 소동이었기에 그러십니까?

사두가이　　아휴, 나는 무슨 난리인가, 하고 찾아가 보았는데 글쎄 예수라는 자가 고함을 지르며 성전 뜰에서 비둘기를 팔던 상인과 성전에 바치는 것이 금지된 다른 나라의 돈을 유대 돈으로 바꿔 주던 상인의 가판대를 엎어 버리고, 미친 사람처럼 상인들을 쫓아내고 있었지요. 한마디로 폭력배나 하는 짓을 했던 것이지요. 경건한 성전에서 선량하게 장사를 하는 사람에게 행패나 부리는 자를 어떻게 성인이라고 부를 수 있겠습니까?

김딴지 변호사　　예수가 그런 깡패 같은 짓을 정말로 했다는 것입니까?

사두가이　　예, 그렇습니다. 나는 그런 깡패 같은 짓을 했던 예수가 성인이라고 불리고 있는 현실을 도저히 이해할 수 없어요. 세상은

참 요지경입니다.

김딴지 변호사   존경하는 판사님, 그리고 배심원 여러분. 증인의 이 말을 잘 들어 주십시오. 피고 예수는 이렇게 폭력적인 사람이었습니다. 예수가 정말 폭력적인 사람이었다는 것은 그가 했던 말에도 잘 드러납니다. 「마태복음」 10장 34~36절에서 예수는 이렇게 말하기도 했습니다.

내가 세상에 평화를 주러 온 줄로 생각하지 마라. 평화가 아니라 칼을 주러 왔다. 나는 아들은 아버지와 맞서고 딸은 어머니와, 며느리는 시어머니와 서로 맞서게 하려고 왔다. 집안 식구가 바로 자기 원수다.

어떠십니까? 이런 말을 듣고도 여전히 예수를 성인이라 칭송할 수 있을까요?

3

유대인은 왜 예수를
싫어했을까?

이대로 변호사　　김딴지 변호사, 코에 걸면 코걸이, 귀에 걸면 귀걸이라더니 잘도 갖다 붙이십니다. 김딴지 변호사를 차라리 뚱딴지 변호사라고 부르는 게 나을 듯싶군요. 어떻게 그렇게 엉터리 해석을 할 수 있죠? 존경하는 판사님, 제가 원고의 증인으로 나온 사두가이 씨에게 질문해도 되겠습니까?

판사　　그렇게 하세요.

이대로 변호사　　증인은 예수를 무척 싫어하는군요. 훌륭한 성인을 왜 그렇게 싫어하는지, 제가 한번 맞춰 볼까요?

사두가이　　어디 들어 봅시다.

이대로 변호사　　흠, 피고 예수가 성전에서 상인들을 쫓아냈던 것은 사실입니다. 하지만 그것은 불쌍한 짐승을 잡아 성전에 제사를 드리는 것보다 하느님께 진실한 마음으로 기도하는 것이 중요하다고 생각했기 때문이지요. 그런데 증인은 모든 유대인이 예수의 말씀을 받아들인다면 성전에서 제사를 중단할 것이고, 그러면 당신은 굶어 죽게 되니까, 예수를 싫어한 것 아닙니까?

사두가이   …… 그래, 누가 자기 밥줄을 빼앗아 간다는데 가만히 있겠소!

이대로 변호사   아, 그래요. 이제야 진심을 이야기하시는군요. 그러니까 당신은 예수가 성전에서 제사를 지내는 것을 개혁하려고 했기 때문에 예수를 싫어한 거군요. 존경하는 판사님, 그리고 배심원 여러분, 지금 증인이 한 말을 꼭 기억해 주십시오.

　　이대로 변호사가 몸을 돌려 배심원을 향해 섰다. 순간 재판정의 모든 눈이 이대로 변호사의 움직임을 따라갔다.

이대로 변호사   예수는 성전에서 행하는 제사가 형식에 치우친 것이고 불쌍한 양을 죽이는 것이라고 생각했습니다. 그리고 그런 의미 없는 의식을 치르면서 많은 백성이 고통을 당하고 있다고 생각했습니다. 그래서 성전을 기도하는 곳으로 만들려고 했습니다. 증인 사두가이와 그의 동료들은 성전에서 제사를 지내면서 막대한 부를 누리던 사람들입니다. 그러니 예수가 성전 제사에 대해 문제를 제기하자 그를 싫어했던 것입니다. 존경하는 판사님, 원고 측의 또 다른 증인이었던 바리사이에게 다시 질문할 수 있게 해 주십시오.

판사 그렇게 하세요. 증인 바리사이는 다시 한 번 증인석으로 나와 주세요.

이대로 변호사 증인, 당신도 예수를 미워했습니까?

바리사이 아닙니다. 무슨 그런 말도 안 되는 소리를 하십니까?

이대로 변호사 예수가 당신들을 '독사의 자식', '위선자'라고 비난했는데도 당신은 예수를 미워하지 않았단 말입니까?

바리사이 글쎄, 친구들 가운데 일부는 예수를 미워했어요. 내 친구들은 처음에는 예수와 잘 지내려고 노력했지요. 예수를 집으로 초대해서 같이 식사도 하고, 율법에 대해서 많은 토론도 했지요. 그런데 예수는 우리하고 생각이 조금 달랐어요. 앞에서 설명했듯이 우리는 '선택된 사람'입니다. 세상의 더러운 것은 만지지도 않고, 부정한 사람과는 한자리에 같이 앉지도 않아요.

이대로 변호사 그랬겠지요. 그 선민의식이 어디로 가겠습니까?

바리사이 흠흠, 그런데 예수는 나병 환자, 혈우병 환자의 손을 잡아 주고, 온갖 죄인, 심지어 창녀들과도 같이 식사를 하고 어울려 다녔어요. 게다가 술까지 마셨고요. 예수를 싫어했던 내 친구들은 그것을 용납할 수 없었어요. 예수가 너무 잘난 체하고, 인기가 좋은 것도 싫었겠지요. 그들이 점점 예수를 멀리하고 비난하기 시작하자 예수도 그들을 위선자라고 비난했던 걸로 알고 있습니다.

이대로 변호사 나병 환자, 혈우병 환자, 창녀, 가난한 사람, 그런 사람들은 사회적 약자잖아요. 예수가 그들과 어울리는 것이 왜 잘못인가요?

바리사이   앞에서 설명했잖아요. 대부분의 유대인은 그들이 죄를 지어서 하느님께 벌을 받았다고 생각했어요. 그런데 우리가 그런 죄인과 어울리면 다른 사람들이 우리도 죄인과 한패라고 욕할 것 아니겠어요?

이대로 변호사   그러니까 당신들은 당신들의 체면과 위신을 차리기 위해서 그런 불쌍한 사람들을 멀리했군요.

김딴지 변호사   이의 있습니다. 피고 측 변호사는 지금 유도 신문을 하고 있습니다.

판사   인정합니다. 피고 측 변호사는 유도 신문을 삼가세요.

이대로 변호사   잘 알겠습니다. 판사님, 배심원 여러분, 이제 확실

왜 유다는 예수를 배반했을까?

히 아시겠지요? 예수가 유대교의 핵심이라고 할 수 있는 선민의식, 율법, 성전 제사에 문제를 제기했고, 또 사회에서 버림받고 천대받은 사람들을 정말로 사랑했다는 사실을 말입니다. 그분은 사랑을 실천하려다가 자기들의 이익을 지키려던 지배층의 미움을 받았던 것입니다.

배심원들이 이대로 변호사의 말에 동의하는 듯 고개를 끄덕이자 김딴지 변호사가 급히 자리에서 일어섰다.

김딴지 변호사   이의 있습니다. 피고 측 변호사의 이야기는 너무나 주관적입니다. 판사님, 제가 다시 증인 사두가이에게 질문하게 해 주십시오.

판사   그렇게 하시지요. 증인 사두가이는 다시 한 번 증인석으로 나와 주세요.

김딴지 변호사   사두가이 씨 예수가 성전에 나타나기 이전에 어떤 행동을 했는지 들은 것이 없습니까?

사두가이   왜 없겠어요! 피고 측 변호사가 자기 말만 하고 나에게는 통 말할 기회를 주지 않아 잠자코 있었지요. 당시 유대 지역에서 예수는 아주 유명했어요. 수많은 병자를 고쳐 주면서 여러 가지 기적을 행했거든요. 뭐, 물을 포도주로 바꾸고, 빵 두 조각과 물고기 다섯 마리로 5천 명을 먹였대요. 세상에 어떻게 그런 일이 있을 수 있습니까? 그런데 사람들은 그렇게 황당한 이야기를 다 믿었어요. 그래서 예수가 다니는 곳마다 사람들이 벌 떼처럼 모여들었지요.

김딴지 변호사 무슨 마법사 같군요. 예수가 항상 말하는 사랑을 실천하고 있었던 건가요?

사두가이 사랑을 실천하려면 고아원이나 양로원에 가서 조용히 봉사 활동이나 할 것이지 그렇게 많은 사람들을 끌고 다니는 이유가 무엇이겠습니까? 또 예수를 따라다니는 사람 가운데는 불순한 사람도 있었어요. 예수의 수제자였던 베드로는 칼을 차고 다녔습니다. 그리고 그 칼로 예수를 잡으러 온 무리 중 대제사장의 종이었던 사람의 오른쪽 귀를 잘랐지요. 또한 예수의 열두 제자 가운데 한 명인 시몬은 '열심당'의 당원이었지요.

김딴지 변호사 '열심당'이라고요? 처음 들어 보는 당인데, 뭐든지 열심히 한다는 뜻인가요?

사두가이 그런 건 아닙니다. '열심당'은 기원후 1세기 초에 로마의 지배에 반발하여 조직된 유대인의 당파로, 유대인이 신의 선택을 받은 민족임을 확신하며 무력으로 로마 제국의 지배를 뒤엎자고 주장한 열광적인 애국자 집단이었어요. 그들은 공공연하게 반란을 일으키자고 선동하고 다녔지요. 그들 가운데는 단도를 품고 다니다가 로마에 협력하는 사람에게 테러를 가하는 자들도 있었어요. 만약 예수가 정말로 평화를 원했다면 어떻게 그런 자들을 핵심 제자로 삼을 수 있겠습니까? 착하고, 온순한 사람만을 제자로 뽑아야 하지 않겠어요?

김딴지 변호사 아, 그렇군요. ▶예수가 수없이 많은 사람들을 데리

왜 유다는 예수를 배반했을까?

고 다녔고, 수제자였던 베드로는 칼을 차고 다녔으며 제자 가운데는 공공연하게 반란을 선동했던 불순분자도 있었군요. 예수가 반란을 일으켜 유대인의 왕이 되려고 하지 않았다면 그런 일도 없었겠지요.

사두가이　맞습니다. 이제야 제대로 내 속마음을 말할 수 있겠군요. 나와 우리 동료들은 예수가 그렇게 많은 추종자를 거느리고 다니다가 반란을 일으키지 않을까 늘 걱정했습니다. 로마군이 얼마나 무서운지 아세요? 나중에 우리 후손들은 로마에 반란을 일으켰다가 1백만 명이나 학살되었지요.

김딴지 변호사　1백만 명이라면…… 살아남을 수가 없었겠군요.

사두가이　네. 세계 어디에서든 로마 제국에 맞서는 자는 살아남을 수 없었어요. 예수가 반란을 일으키면 로마가 군대를 보낼 것이고 그럼 얼마나 많은 사람이 죽겠습니까? 우리가 예수를 미워한 것은 그가 유대교의 핵심인 선민의식, 율법, 성전 제사 등을 반대해서가 아니라 백성을 끌고 다니면서 반란을 선동하고 다녔기 때문이었습니다.

이대로 변호사　이의 있습니다. 예수는 결코 그렇게 폭력적인 분이 아닙니다. 그분은 "칼을 쓰는 사람은 칼로 망하는 법이다"라고 말했습니다. 그리고 사두가이는 조금 전과는 다른 말을 하고 있습니다. 앞에서는 예수가 성전을 개혁해서 자기 밥줄을 끊을까 봐 미워했다고 말했는데, 지금은 예수가 반란을 일으키려고 했기 때문에 미워한다고 말을 바꿨습니다. 또한 아무런 증거도 없이 자신의 주관적인 생각을 말

교과서에는

▶ 예수를 메시아로 믿으며 따르는 사람들이 많아지자, 유대교의 지도자들은 예수를 정치 선동가로 몰아 십자가에 못 박혀 죽도록 만들었습니다.

하고 있습니다.

판사 　지금 이대로 변호사의 발언은 기각합니다. 원래 증인은 자신의 생각을 말할 수 있습니다. 증인의 말이 얼마나 사실에 들어맞는지는 배심원이 판단할 것입니다.

이대로 변호사 　곰곰이 생각해 보면 증인의 말은 서로 모순되지 않는 것도 같군요. 사두가이는 성전에서 제사를 계속 지내야 먹고살수 있잖아요. 성전 제사를 반대하는 예수의 의견이 사람들에게 확산되어도 먹고살기 힘들게 되고, 로마가 쳐들어와서 성전에 제사를 드릴 수 없게 되어도 먹고살기 힘들게 되겠지요. 증인이 증인 참석 수당을 얘기하는 것만 보아도 그가 얼마나 돈을 밝히는지를 알 수 있군요.

김딴지 변호사 　판사님, 지금 이대로 변호사는 증인의 인격을 모독하고 있습니다.

판사 　자자, 다들 진정하세요. 지금까지 두 변호사의 변론과 증인들의 말을 들어 보니 본 사건의 윤곽이 잡히기 시작하는군요. 첫째날 재판에서는 예수가 메시아인지, 메시아의 임무가 영혼을 구원하는 것인지, 아니면 유대인을 로마의 지배에서 해방시키는 것인지에 대해 논쟁을 했습니다. 오늘 재판에서는 예수의 가르침에 대해 살펴봤는데 예수는 분명 유대교의 잘못된 점을 고치려고 했군요. 그것은 그가 사람의 영혼을 구원하려고 노력했다는 것을 의미한다고 생각됩니다. 그런데 예수의 주변에는 그를 정치적 메시아, 즉 왕으로 해석하는 사람들이 있었군요. 이제 시간이 다 되었으니 오늘 재판은 이것으로 마치겠습니다. 일주일 뒤에 있을 세 번째 재판에서 유다가 예수를 왜 배반했는지 결론을 내리면 되겠어요. 그럼 두 번째 재판은 이것으로 마치겠습니다.

땅, 땅, 땅!

홀로코스트, 유대인 대학살

유대인은 어머니가 유대인이거나 유대교를 믿는 사람들을 말합니다. 현재 전 세계에는 약 1천4백만 명의 유대인이 각지에 흩어져 살고 있는데요. 이들 중 절반 정도의 인구가 아메리카 대륙에 살고 있는 것으로 알려져 있습니다. 이것은 19세기만 하더라도 유대인의 80%가 유럽 대륙에 살았던 것과 대조적입니다. 아마도 이는 독일 나치당의 유대인에 대한 무차별적인 박해를 피해서 유대인들이 다른 지역으로 이주했기 때문으로 보입니다.

홀로코스트(Holocaust), 혹은 유대인 대학살은 제 2차 세계 대전 동안 독일의 나치당을 이끈 히틀러가 유대인을 없애 버리려는 목적으로 저지른 것입니다. 유대인은 대부분 집단 수용소에 옮겨져서 학살되었다고 합니다. 특히 1940년 폴란드에 세워진 아우슈비츠 수용소는 1942년부터 대학살을 시작하였는데, 이곳에 열차로 실려 온 사람들 중 쇠약한 사람이나 노인, 어린이들은 곧바로 공동 샤워실로 위장한 가스실로 보내져 죽임을 당했습니다. 이처럼 가스, 총살, 고문, 질병, 굶주림, 심지어는 인체 실험을 당해 죽은 사람이 아우슈비츠 수용소에서만 4백만 명에 달하며, 그중 3분의 2가 유대인이라고 합니다. 그리고 이 홀로코스트로 인해 사망한 유대인의 수는 무려 6백만 명이나 된다고 합니다.

왜 유다는 예수를 배반했을까?

다알지 기자

시청자 여러분, 안녕하세요. 법정 뉴스의 다알지 기자입니다. 유다 대 예수의 두 번째 재판에서는 양측의 분명한 입장 차이를 볼 수 있었습니다. 먼저 유대교의 핵심이 무엇이었는지에 대해서 피고인 예수가 직접 나와 증언해 주었는데요. 예수가 재판정에 등장하자 방청석에서는 일대 혼란이 벌어지기도 했습니다. 이날 피고 측은 유대교의 핵심이 선민의식, 율법, 성전 제사라고 말하면서, 이것들이 형식에 치우치게 되면서 생긴 문제점에 대해 조리 있게 지적했습니다. 그러자 원고 측에서도 유대교에 대한 해박한 지식을 가지고 있는 랍비 바리사이를 증인으로 내세워 피고 측 주장에 적극 반박했지요. 다음으로 오늘 재판에서 논쟁이 된 것은 예수가 유대교를 없애려고 했는지에 대한 문제였는데요. 양측의 변호사는 예수가 율법이나 예언서의 말씀을 완성하러 왔다는 주장이 무엇을 의미하는지를 두고 불꽃 튀는 접전을 벌였습니다. 그런데 이날 재판에서 무엇보다도 배심원들을 놀라게 한 것은 바로 사두가이가 원고 측 증인으로 나와 예수는 폭력배이며, 베드로는 칼을 차고 다닌 위험한 인물이라고 증언한 것이었습니다. 그럼 두 번째 재판을 마치고 나온 양측 변호사를 직접 만나 볼까요?

김딴지 변호사

　　솔직히 오늘 이대로 변호사가 변론을 잘했어요. 정말 공부를 많이 했더라고요. 그래도 오늘 재판은 우리 측에 더 유리했던 것 같습니다. 베드로가 칼을 차고 다녔으며, 예수의 제자 가운데 로마에 대항해 반란을 도모하는 사람도 있었다고 지적할 때 사람들의 표정을 보셨어요? 이대로 변호사는 완전 사색이 되었고, 배심원들도 연신 고개를 끄덕이더군요. 이것은 피고 측에서도 절대 부정할 수 없는 사실입니다. 성경에 명확하게 쓰여 있거든요. 이대로 변호사가 아무리 노력해 봐야 소용없습니다. 재판에서 이기는 사람이 최후의 승리자 아닙니까? 우리는 반드시 이길 자신이 있습니다. 결정적인 증거를 확보하고 있거든요. 그 증거는 궁금하시겠지만 전략상 다음 재판 때까지 공개하지 않겠습니다. 다음 재판도 기대해 주세요.

이대로 변호사

　오늘 재판에서 피고 예수와 내가 유대교와
기독교에 대해서 조리 있게 잘 설명한 것 같습
니다. 다만 원고 측에서 사두가이를 증인으로 불러
피고와 베드로를 나쁘게 몰아간 부분이 조금 아쉬울 뿐입니다. 피고가
예루살렘 성전 앞에 있던 상인들을 쫓아낸 것은 '기도하는 집'인 성전
이 강도의 소굴로 변하는 것을 그대로 놔둘 수 없었기 때문입니다. 아
마도 사두가이는 피고가 자신과 같은 지배층의 이익을 외면하고, 사회
에서 소외되고 버림받은 사람들과 어울리며 사랑을 실천하는 것이 마
음에 들지 않았던 모양입니다. 원고 측에서는 오해를 불러일으킬 만한
증언을 자제해 주었으면 좋겠습니다.

작품 속에 예수 찾기

석가모니, 공자, 마호메트와 함께 세계 4대 성인 중 한 분이신 예수 그리스도. 때문에 화가들의 작품에도 예수 그리스도는 자주 등장합니다. 작품 속에 담긴 예수의 모습을 찾으며 그의 생애를 짐작해 볼까요?

부모의 집에 있는 예수

'목수의 작업장'이라는 부제목이 붙어 있는 존 에버렛 밀레이의 그림이에요. 영국의 화가 밀레이가 1850년에 그린 그림이지요. 화면 가운데에는 어린 예수와 성모 마리아가 볼을 가까이 하고 있는 모습이에요. 어린 예수는 손에 상처를 입었고, 마리아는 이 모습을 안타까워하고 있지요. 화면 오른쪽에 붉은 옷을 입은 요셉이 예수의 상처 난 손을 걱정스레 잡고 있어요.

암굴의 성모

이탈리아의 유명한 화가인 레오나르도 다 빈치의 작품으로 아기 예수와 세례자 요한이 만나는 장면을 화폭에 담았어요. 그림의 왼쪽에 십자가 지팡이를 들고 있는 아이가 세례자 요한, 그 옆에서 세례자 요한을 예수에게 소개하는 사람이 성모마리아에요. 아기 예수의 머리 뒤에는 후광이 그려져 있고, 예수 뒤에는 천사 가브리엘이 있지요. 어두운 동굴 속을 배경으로 하고 있기에 '암굴의 성모'라는 제목이 붙여졌답니다.

가나의 결혼식

이탈리아 화가 파울로 베로네제도 예수의 모습을 그림에 담았어요. 예수가 가나의 혼인잔치에서 물을 포도주로 변화시키는 첫 기적을 행하였는데, 그 장면을 그림에 담았답니다. 그림의 중앙에는 예수가 앉아 있고, 옆에는 성모 마리아가 앉아 있지요. 그림 속에는 카를 5세, 프랑수아 1세 등 당대 유명한 인물들도 그려져 있는 것이 특징이에요.

십자가에서 내려지는 그리스도

화가이자 건축가이며 이탈리아 르네상스의 3대 거장이라 불리는 라파엘로 역시 예수의 모습을 그렸어요. 바로 십자가에서 내려지는 모습을 말이에요. 라파엘로 외의 루벤스, 피터르 반 몰 역시 십자가에서 내려지는 예수의 모습을 그렸답니다. 걱정스레 예수를 바라보는 성모마리아의 모습이 인상적이지요.

유다는 왜 예수를
팔았을까?

1. 유다는 예수의 수제자였을까?
2. 최후의 만찬장에서는 과연 무슨 일이 일어났을까?

1

유다는 예수의
수제자였을까?

판사   유다가 소송을 제기한 사건에 대한 마지막 재판을 시작하겠습니다. 원고 측에서 중요한 증거를 제출하겠다고 통지했는데 궁금하군요. 그럼 원고 측 변호사, 시작해 보세요.

김딴지 변호사   존경하는 판사님, 그리고 배심원 여러분, 오늘 저는 이 사건에 결정적인 역할을 할 중요한 증거를 제출하고자 합니다.

김딴지 변호사가 의기양양한 표정을 지으며 책 한 권을 판사에게 제출했다.

판사   제목이 「유다복음」이군요. 이런 책도 있었습니까? 원고 측 변호사, 이 책에 대한 설명을 부탁드립니다.

112 ●   왜 유다는 예수를 배반했을까?

김딴지 변호사　　　그 책의 존재는 이미 고대에도 알려져 있었습니다. 그런데 예수를 믿는 사람들이 불경한 책이라고 불태워 버리는 바람에 역사 속에서 사라질 뻔했지요. 그러나 하늘은 결코 진리를 감추지 않는 법입니다. 1970년대 이집트에서 그 책의 복사본이 발견되었습니다. 많은 학자들이 연구한 결과 그것이 고대에 있었던 「유다복음」이라는 사실을 확인하고 2004년에 세상에 공개했습니다. 오늘 제가 많은 분들이 볼 수 있도록 복사본을 여러 개 만들어 왔습니다. 판사님, 이것을 배심원에게 배포해도 되겠습니까?

판사　　　좋습니다.

「유다복음」
예수를 배반한 유다가 실제로는 예수의 제자들 중에서 가장 사랑받은 수제자이며, 그의 배반도 예수의 지시에 따라 한 것이라고 기록하여 오랫동안 이단서로 취급되었습니다.

판사와 배심원은 처음 보는 책이 신기한 듯 여기저기를 펼쳐 보았다.

김딴지 변호사　　　이 책의 내용 가운데 오늘 재판과 직접 관련된 중요한 사항이 있어 말씀드리겠습니다. 첫째, 유다는 예수의 수제자였습니다. 이 책에 이런 이야기가 나오는군요.

　　어느 날 예수는 그의 제자들과 식사를 하다가 "너희들이 어떻게 나를 알겠느냐? 진실로 너희에게 말하노니 너희 세대의 그 어떤 사람도 나를 알지 못할 것이다"라고 말하였다. 이 말을 듣고 제자들이 화가 나서 마음속으로 불경스러운 욕을 하였다. 그러자 예수가 그들의 속내를 알아보고 "너희 가운데 누구라도 자신 있거든 나를 똑바로 보라"고 말하였다. 그러나 유다를 제외하고는 아무도 그렇게 하지 못하였다.

배심원 여러분, 제 말을 직접 확인해 보시려거든 13쪽 두 번째 단락을 펴 보십시오. 모두들 제가 읽은 것이 거짓이 아니라는 것을 확실히 알 수 있을 것입니다. 이렇듯 유다는 예수의 수제자였습니다. 예수는 유다를 특별히 총애했고, 단둘이 만나서 많은 이야기를 나누곤 했습니다. 이 책은 바로 그 두 사람의 대화를 기록한 것입니다.

배심원들이 「유다복음」을 계속 신기하게 훑어보자 김딴지 변호사는 흐뭇한 표정을 지으면서 말을 이었다.

김딴지 변호사   둘째, 유다가 예수를 판 것은 예수의 명령 때문이었습니다. 예수는 "너는 그들 모두를 능가할 것이다. 왜냐하면 너는 나를 옷처럼 둘러싸고 있는 그 남자를 희생시킬 것이기 때문이다"라고 말했습니다. 학자들의 견해에 의하면 여기서 "옷처럼 둘러싸고 있는 그 남자"는 예수의 육체를 의미합니다. 다시 말해 예수는 육체를 벗어 버리고 영혼으로 거듭나서 신의 세계로 돌아가기 위해 유다의 손을 빌리려고 했습니다. 예수는 죽음을 이 세상의 모든 것으로부터 완벽하게 해방되는 것이라고 생각했던 것 같아요. 그런데 그것을 스스로 이룰 수 없었기 때문에 원고인 유다에게 자기를 죽게 해 달라

왜 유다는 예수를 배반했을까?

고 부탁했던 것이지요. 뭐, 자기가 죽어야 모든 사람이 죄를 용서받는다는 이상한 소리를 하면서요. 배심원 여러분, 책 18쪽에서 제 말을 확인할 수 있습니다.

배심원들이 동요하는 것을 보고 당황한 이대로 변호사가 한참을 생각하다가 자리에서 일어나 말을 이었다.

이대로 변호사　　존경하는 판사님, 그리고 배심원 여러분, 저는 그책의 존재를 이미 알고 있었습니다. 그렇지만 원고 측에서 그런 허황되고 황당한 책을 증거로 제시하리라고는 생각하지 못했습니다.

"엥? 그럼 저 책이 거짓말이라도 한다는 건가?"
"책은 사실과 진리만 담겨 있는 게 아니었어?"

이대로 변호사   그럼요. 배심원 여러분, 책으로 쓰여 있다고 모두 사실이거나 가치 있는 것은 아닙니다. 지금도 마찬가지이지만 고대인이나 중세인은 거짓말을 지어내서 책으로 쓰는 일을 거리낌 없이 하곤 했습니다. 세계 최고의 미인으로 유명한 클레오파트라와 로마의 장군 카이사르가 주고받은 편지도 여러 통이 발견되었는데 학자들은 그것들이 모두 위조된 것임을 밝혀냈습니다. 한번 생각해 보십시오. 지금도 사기꾼들은 다른 사람을 속이기 위해서 온갖 문서를 위조하고 있지 않습니까? 「유다복음」은 그렇게 날조된 책 가운데 하나이기에 증거로서 전혀 가치가 없습니다.

김딴지 변호사   이의 있습니다. 피고 측 변호사는 아무런 증거도 없이 제가 제출한 자료의 가치를 폄하하고 있습니다.

판사   받아들입니다. 피고 측 변호사는 원고가 제출한 증거가 위조되었다는 증거를 제시하십시오.

이대로 변호사   알겠습니다. 판사님, 그렇다면 원고인 유다에게 질문하게 해 주십시오. 그 책의 서두에 보면 유다가 책을 썼다고 되어 있으니 그가 정말로 이 책을 썼는지 물어보고 싶습니다.

판사   받아들입니다. 유다는 앞으로 나와 선서를 하고 답해 주십시오.

가룟 유다　나, 유다는 진실만을 말할 것을 맹세합니다.

이대로 변호사　원고, 원고가 이 책을 쓴 것이 맞습니까?

가룟 유다　음…… 그건 아니지만…… 책에 있는 이야기는 모두 사실입니다. 나는 예수의 수제자였고, 예수로부터 자기를 죽여 달라는 명령을 받았습니다. 나는 죽기 전에 나를 따르던 사람 몇 명에게 예수에게 들은 이야기를 해 주었습니다. 아마 그중 한 명이 책을 쓴 것 같습니다.

이대로 변호사　다른 이야기는 하지 마시고 책을 직접 썼는지에 대해서만 '예, 아니오'로 대답해 주십시오.

가룟 유다　아닙니다.

이대로 변호사　존경하는 판사님, 배심원 여러분, 유다가 방금 자기 입으로 그 책을 직접 쓰지 않았다고 말했습니다. 사실 학자들의 연구에 의하면 그 책은 유다가 죽은 지 1백 년 이상이 지난 뒤에 쓰인 것입니다. 그 책은 순전히 거짓말로 가득 찬 엉터리입니다. 유다가 예수의 수제자였다니 말도 안 됩니다. 지난번 재판 때 증인 사두가이가 증언했듯이 예수의 수제자는 누가 뭐라고 해도 베드로였습니다. 성경에도 그렇게 쓰여 있고, 지금도 교회에서는 그렇게 가르치고 있습니다. 그리고 기독교의 지도자인 교황은 자신이 베드로의 후계자라고 자청하고 있습니다.

증인석 근처에 있던 베드로가 이대로 변호사의 말을 들으며 고개를 크게 끄덕거렸다.

이대로 변호사   존경하는 판사님, 배심원 여러분, 이렇게 엉터리인 「유다복음」이 만에 하나 사실이라고 가정해 봅시다. 김딴지 변호사는 눈치채지 못했겠지만, 만약 그것이 사실이라면 지금까지 김딴지 변호사가 했던 말은 모두 쓸모없는 것이 되어 버립니다. 김딴지 변호사는 줄곧 예수가 유대 백성을 선동하여 유대의 왕이 되려고 했다고 주장했습니다. 그런데 「유다복음」에는 그런 이야기가 전혀 나오지 않습니다. 도리어 예수의 죽음을 이 세상의 모든 사악한 것들로부터 해방되는 것으로 보았지요. 다시 말해 「유다복음」에 따르면 예수는 로마에 대해서 저항할 생각을 전혀 품지 않았다는 것입니다.

　자신이 제출한 증거가 힘을 잃어 가자 김딴지 변호사는 흥분한 듯 책상을 치며 일어났다.

김딴지 변호사   베드로가 예수의 수제자라는 것은 근거 없는 이야기입니다. 제가 앞에서 유다를 예수의 수제자라고 말했지만, 사실은 그것도 조금 과장된 이야기입니다. 예수는 열두 제자를 임명하기는 했지만 그 가운데 어느 한 명을 수제자로 삼지는 않았습니다. 다만 여러 제자들이 서로 자신이 예수의 수제자라고 주장했지요. 베드로도 그 가운데 한 명일 뿐입니다. 저는 다만 예수가 유다를 특별히 사랑하여 회계를 맡겼고, 다른 제자들이 가르침을 제대로 이해하지 못

했기 때문에 유다에게 많은 것을 은밀히 가르쳤다는 사실을 말하고 싶습니다.

이대로 변호사　무슨 말입니까? 예수가 베드로를 '반석'이라고 부르며 그에게 천국의 열쇠를 맡긴 것은 엄연한 사실입니다. 베드로에게 직접 물어보면 될 것 아닙니까? 판사님, 베드로에게 직접 물어보는 것을 허락해 주시기 바랍니다.

판사　그렇게 하십시오.

이대로 변호사　예수께서는 베드로를 수제자로 임명하셨지요?

베드로　내가 제자들 가운데 제일 열심이었고 믿음직했던 것은 사실입니다. 나는 예수가 누구인지를 정확하게 알아보았고, 그래서 예수께서 내게 큰일을 맡겼죠.

이대로 변호사　네, 충분히 잘 알겠습니다. 그렇지만 사람들이 명확하게 알도록 '예, 아니오'로 간결하게 답변해 주시면 좋을 것 같습니다.

베드로　아닙니다.

그때까지 베드로를 예수의 수제자로 알고 있던 이대로 변호사의 얼굴에는 당황한 기색이 역력했다.

이대로 변호사　네? 아니라고요? 그럼 예수가 당신을 반석이라고 부르며 당신에게 천국의 열쇠를 맡긴 이유는 무엇입니까?

베드로　사실 내가 제일 뛰어난 제자이긴 했어요. 그래서 나에게 중요한 임무를 맡긴 것이지요. 하지만 예수께서는 제자들이 협력하

여 복음을 전파하기를 바랐지, 누구 한 명이 수제자가 되어 다른 제자들을 통솔하거나, 예수께서 죽은 이후에 교회를 이끌도록 해야겠다고 생각하지는 않은 것 같습니다. 한 사람이 우두머리가 되어서 교회를 이끄는 것보다는 많은 사람이 조화 속에서 협력하는 것이 좋지 않겠습니까?

이때 베드로의 증언이 자기에게 유리하다고 생각한 김딴지 변호사가 기회를 잡았다는 표정으로 일어나서 예수에게 질문했다.

김딴지 변호사   역시 반석처럼 믿음직한 분이라 거짓말은 하지 않으시는군요. 그럼 유다 이야기를 해 볼까요? 예수는 유다를 특별히 총애했지요. 그래서 회계를 맡기고, 은밀히 많은 이야기를 나눈 것 아닙니까?

베드로 예, 예수께서는 유다를 특별히 총애했어요. 아주 똑똑했거든요. 돈 계산도 잘했고요. 그래서 많은 것을 가르쳐 주려고 노력하셨지요.

김딴지 변호사 그럼 유다를 사실상의 수제자라고 말해도 되지 않을까요?

베드로 원고 측 변호사가 집념이 너무 강하군요. 예수께서 유다를 총애한 것은 사실이지만 그는 돈 욕심, 권력 욕심이 너무 많았어요. 돈 씀씀이가 헤펐고요. 게다가 예수께서 유대인의 왕이 되면 큰 권력을 차지할 수 있을 것이라 믿고, 자꾸 백성을 이끌고 반란을 일으키자고 했지요. 부모가 못난 자식을 사랑하듯, 예수께서는 그에게 더 애정을 쏟으셨습니다. 자주 불러서 그러면 안 된다고 타이르곤 하셨지요. 그렇지만 유다는 예수의 말씀을 듣지 않았고, 오히려 자신의 생각을 예수께 강요하려고 했어요. 점점 더 악의 구렁텅이로 빠지고 만 것이지요. 참으로 안타까운 일입니다.

김딴지 변호사 무슨 말씀입니까? 유다는 정말 예수가 시킨 대로 한 죄밖에는 없습니다. '최후의 만찬'에 대해 설명하며 그것을 증명해 보이겠습니다.

2

최후의 만찬장에서는
과연 무슨 일이 일어났을까?

김딴지 변호사　　먼저 '최후의 만찬'이 무엇인지 말씀드리겠습니다. 예수는 30대 중반에 3년간 하느님의 나라가 가까이 왔다고 외치고 다녔습니다. 그가 기적을 행하고 병자를 고치자 많은 사람들이 그를 쫓아다녔습니다. 그러자 예수는 자신이 메시아이고, 유대인의 왕이 될 것이라고 믿었습니다. 하지만 왕이 되려면 로마군을 쫓아내야 했지요. 예수와 제자들은 기원후 30년 유월절 날 예루살렘에서 봉기하기로 결정했습니다. 봉기할 날짜를 정하고 작전을 수립했지요. 예수가 십자가에 못박히게 되면 유대 백성이 분개하여 봉기할 테니, 그 여세를 몰아 로마군을 쫓아낸 후에 예수를 유대의 왕으로 추대하자는 것이었습니다. 그래서 예수는 유다에게 명령하여 자신을 제사장들에게 팔도록 했습니다. 제사장들이 로마 총독 빌라도에게 예수를 십자가형에 처해 달라고 요청할 것을 미리 안 것이지요.

이대로 변호사   판사님, 이의 있습니다. 원고 측 변호사는 아무런 증거도 없이 사실을 왜곡하고 있습니다. 그는 기독교에서 신성하게 간직하고 있는 '최후의 만찬'을 악의적으로 왜곡하고 있습니다.

판사   그래요? 그럼 피고 측 변호사가 설명해 보세요.

이대로 변호사   김딴지 변호사의 말대로 예수는 30세부터 3년간 활동했습니다. 그는 앞에서 설명했듯이 유대교의 선민의식, 율법, 성전 제사에 문제를 제기하면서 모든 사람들이 평등하게 누릴 수 있는 새로운 종교를 만들고자 했습니다. 하지만 유대인 지배자들은 그의 개혁을 매우 싫어했습니다. 그의 개혁이 성공하면 기득권을 상실할까 봐 두려웠던 것이지요. 그래서 예수를 죽이기로 결정했습니다.

판사   그렇다면 예수는 자신에게 위협이 다가오고 있다는 것을 알고 있었나요?

이대로 변호사   네, 알고 있었습니다. 그래서 제자들을 한자리에 모았습니다. 그리고 제자들에게 이제 자기가 죽게 될 것이지만, 그것은 끝이 아니라 새로운 시작이라고 가르쳤습니다. 그의 가르침에 따르면 그는 하느님의 아들이기 때문에 삼 일 만에 부활할 것이고, 이로써 모든 사람에게 희망을 줄 수 있다는 것이지요. 이렇게 예수가 제자들과 마지막으로 나눈 식사가 최후의 만찬이었습니다. 그것을 보고 예수가 왕이 되기 위해서 작전을 세웠다니요? 원고 측의 주장은 참으로 황당해서 어이가 없군요.

김딴지 변호사   흠, 이대로 변호사, 제 말이 거짓이 아니라 사실이라는 것을 곧 보여 드리겠습니다. 자, 다시 최후의 만찬장으로 돌아가 볼까요? 레오나르도 다빈치가 그린 최후의 만찬 그림을 보면서 설명해 드리겠습니다. 워낙 유명한 그림이라 모르는 사람은 없겠지만, 정작 그림 속의 인물이 누가 누구인지 제대로 아는 사람은 드물 것입니다. 제가 설명해 보겠습니다. 인물들은 왼쪽부터 바르톨로메오, 소야고보, 안드레이, 가룟 유다, 베드로, 요한, 예수, 토마스, 대야고보, 필립보, 마태오, 유다 타데오, 시몬입니다. 그런데 여기 칼을 들고 있는 손이 보이지요. 이것은 베드로의 손입니다. 그는 칼을 차고 다니면서 사람들을 위협했어요.

이대로 변호사　　이의 있습니다. 판사님. 이 그림은 15세기 말에 레오나르도 다빈치가 상상해서 그린 것입니다. 이 그림에 묘사된 것 중 대부분은 사실과 다릅니다. 가령 원래 유대인은 식사할 때 이 그림에 나오는 것처럼 식탁을 사용하지 않았습니다. 그냥 맨바닥에 둥그렇게 둘러앉아서, 사실은 비스듬히 누워서 식사를 했지요. 따라서 이 그림에서 베드로가 칼을 들고 있다고 해서 정말 베드로가 항상 칼을 차고 다녔던 것은 절대 아닙니다.

판사　　원고 측 변호사, 그 말이 사실인가요?

김딴지 변호사　　피고 측 변호사는 제가 제시한 자료를 폄하하는 데 열심이군요. 그렇지만 베드로가 칼을 차고 다녔던 것은 성경에도 나오는 이야기입니다. 뭐, 상관없습니다. 이제 제가 제시할 증거를 보면 모든 것이 명명백백하게 드러날 테니까요. 피고 측에서 그렇게 좋아하는 성경에서 최후의 만찬 장면을 묘사하는 부분을 읽어 보겠

습니다.

"내가 진정으로 너희에게 말한다. 너희 가운데 하나가 나를 팔아넘길 것이다." 제자들은 예수께서 누구를 두고 하시는 말씀인지 몰라서, 서로 바라보았다. 제자들 가운데 한 사람, 곧 예수께서 사랑하시는 제자가 바로 예수의 품에 기대어 앉아 있었다. 시몬 베드로가 그에게 고갯짓을 하여, 누구를 두고 하시는 말씀인지 여쭈어 보라고 하였다. 그 제자가 예수의 가슴에 바싹 기대어 "주님, 그가 누구입니까?" 하고 물었다. 예수께서 대답하시기를 "내가 이 빵 조각을 적셔서 주는 사람이 바로 그 사람이다" 하시고 빵 조각을 적셔서 시몬의 아들 가룟 사람 유다에게 주셨다. 그가 빵 조각을 받은 뒤에, 사탄이 그에게 들어갔다. 그때 예수께서 유다에게 말씀하셨다. "네가 할 일을 어서 하여라."

존경하는 판사님, 배심원 여러분, 성경의 권위는 세계 모든 사람들이 인정하는 것입니다. 그런데 여기 「요한복음」 13장 21~27절을 보면 분명히 예수가 유다에게 "네가 할 일을 어서 하여라" 하고 명령했습니다. 지금까지 나는 수차례 유다가 예수의 명령을 받아서 시킨 대로 했을 뿐이라고 말씀드렸습니다. 이제 제 말을 믿으시겠습니까? 이것으로 저의 모든 주장이 사실이라는 것이 명확하게 밝혀졌습니다. 어떻습니까? 이대로 변호사, 제가 「유다복음」을 제시하면서 유다가 예수를 판 것은 예수의 명령 때문이라고 말했더니 펄쩍 뛰었지요? 이번에는 과연 어떤 궁색한 변명을 늘어놓을지 궁금하군요.

이대로 변호사　이의 있습니다. 원고 측 변호사는 자신의 주장을 펼치기 위해서 과도하게 논리를 왜곡하고 있습니다. 분명 원고 측 변호사가 인용한 문장에는 예수가 유다에게 그것을 시킨 것이 아니라, 유다의 몸에 '사탄이 들어갔다'고 되어 있습니다. 따라서 예수가 먼저 자기를 팔라고 명령한 것은 아니라고 봅니다.

판사　그런데 조금 전 읽었던 글에서 피고는 원고에게 "네가 할 일을 어서 하여라" 하고 말했지요. 그럼 그 뜻은 무엇입니까?

이대로 변호사　판사님, 이에 대한 답변은 피고의 제자인 베드로를 불러서 들어 보는 것이 좋을 듯합니다.

판사　네, 좋습니다. 베드로는 이 변호사의 질문에 답변해 주세요.

베드로　예, 그렇게 하지요.

이대로 변호사　그럼 질문하겠습니다. 예수는 가룟 유다가 자신을 팔 것을 알고 있었습니다. 그런데 왜 말리지 않고, "네가 할 일을 어서 하여라" 하고 말했을까요? 예수의 이 한 마디는 오랜 세월 풀리지 않은 수수께끼였습니다. 수많은 사람들이 이 구절 하나를 두고 다양한 의견을 내놓았습니다. 가령 그리스 태생의 작가이자 철학자인 카잔차키스는 유다를 예수의 가장 친한 친구로 묘사하며, 그가 예수의 사역을 돕기 위해서 예수를 로마인에게 넘겨주었다고 주장했습니다. 또한 최근에는 슬라보예 지젝이라는 철학자가 이런 논의를 발전

카잔차키스
그리스의 시인이자 소설가입니다. 인간의 자유와 투쟁 정신을 주제로 한 작품을 많이 썼으며, 『다시 자가에 못 박히는 그리스도』, 『그리스인 조르바』, 『오디세이아』 등의 대표작이 있습니다.

사역
다른 사람에게 일을 시키는 것 또는 시킴을 받아 어떤 작업을 하는 것을 의미합니다.

시켜 흥미로운 추론을 전개했습니다.

판사 슬라보예 지젝이 뭐라고 했나요?

이대로 변호사 슬라보예 지젝의 주장에 따르면 예수는 십자가형으로 생을 마감하고자 하였고, 유다에게 그 사역을 완수할 수 있도록 도와달라고 부탁하였습니다. 그것이 하느님이 예수 자신에게 부여한 임무라고 생각했던 것이지요. 유다는 하느님의 계획을 성취하기 위해서 자신의 영혼이 영원히 지옥 불에 떨어질 것임을 알고서도 기꺼이 예수를 도왔습니다. 따라서 유다의 배신은 다른 어떤 것과도 비교할 수 없는 최고의 희생이라는 것이지요. 도대체 이런 괴이한 추론들이 난무하게 된 이유가 무엇일까요?

베드로 사람들은 참으로 상상하기를 좋아합니다. 그런 추론들은 모두 허황된 것이라고 말해 주고 싶군요. 이제 설명을 드리겠습니다. 유다는 이미 욕심이 가득 찬 상태였습니다. 사람이 욕심에 사로잡히면 정의의 길이 보이지 않고, 사악한 마음이 들게 마련입니다. 그래서 이대로 변호사가 읽은 대로 '사탄이 그에게 들어갔다'고 말했던 것입니다. 물론 예수께서는 스승으로서 그에게 수없이 바른길을 가르쳤지만 모두 헛수고였습니다.

이대로 변호사 예수는 스승과 제자의 관계에서 제자 유다를 바른길로 이끌려고 하셨군요.

베드로 그렇습니다. 예수께서는 유다에게 불의의 길이 영화롭고 좋아 보여도, 끝내는 정의가 승리한다고 가르치셨습니다. 그리고 예수의 임무는 세상에서 버림받고 천대받는 사람들을 위로하고, 그들의 영혼을 구제하는 것이라고 가르쳤습니다. 그럼에도 불구하고 유다는 세상에 대한 욕심을 버리지 못했어요. 예수께서는 유다가 사탄에게 마음을 빼앗겨 버린 것을 눈치챘고 당신이 죽어야 비로소 그가 잘못을 뉘우칠 것이라고 생각하셨습니다. 내가 죽은 뒤 그가 생각했던 일이 하나도 일어나지 않으면 그가 잘못 생각했다는 것이 명확해지지 않겠습니까? 물론 그가 진정으로 뉘우치고 새로운 인생을 살았다면 예수께서는 그를 완전히 용서해 줄 작정이셨겠지요. 그래서 "네가 할 일을 어서 하여라" 하고 말씀하신 것입니다.

이대로 변호사 아! 이제야 알겠습니다. 그러니까 예수께서는 로마에 저항할 기회를 잡기 위해서 유다에게 당신을 팔라고 명령하신 것이 아니군요. 단지 유다가 욕심에 눈이 멀어서 어떤 말을 해도 듣지 않으니까, 당신이 죽으면 잘못을 깨우칠 것이라고 생각하셨다는 것이네요.

베드로 예, 그렇습니다.

이대로 변호사 존경하는 판사님, 배심원 여러분, 이제 모든 것이 명명백백하게 밝혀졌습니다. 예수가 유대인의 왕이 되기 위해서 유다에게 자신을 팔라고 명령했다는 것은 모두 거짓입니다. 그는 모든 인류를 사랑하는 마음으로 자기 목숨을 기꺼이 내놓은 성자입니다. 유다가 예수를 팔았던 것은 그가 욕심을 너무 부려서 사탄에 사로잡혔기 때문이었습니다.

또다시 재판이 불리하게 진행되고 있는 것을 깨달은 김딴지 변호사가 급히 일어서며 말했다.

김딴지 변호사　　이의 있습니다. 피고 측 변호사는 베드로의 증언이 마치 모두 사실인 것처럼 이야기하고 있습니다. 베드로의 증언은 오직 그의 생각일 뿐입니다. 원고가 베드로의 말에 직접 반박하고자 합니다.

판사　　받아들입니다. 유다는 베드로의 발언에 대해서 어떻게 생각하는지 의견을 말하십시오.

가룟 유다　　나는 베드로의 해명을 받아들일 수 없습니다. 베드로의 말대로 내가 유대의 독립을 열망하였고, 예수가 그 일에 앞장서 주기를 바랐던 것은 사실입니다. 또한 그의 말대로 예수가 자신의 임무는 사람들의 영혼을 구원하는 것이라고 말했던 것도 사실입니다. 그렇게 메시아에 대한 생각이 달랐기 때문에 예수는 반란을 주도하려고 하지 않았습니다.

김딴지 변호사　　그런데 무엇을 못 받아들인다는 겁니까?

가룟 유다　　그런 상황에서 나는 예수가 죽을 위기에 처하면 상황이 어떻게 전개될 것인지를 생각해 보았습니다. 그리고 나는 '그의 주장대로 그가 진짜 하느님의 아들이라면 하느님이 가만히 죽게 놔두지 않을 것이다. 어쩌면 증인으로 나왔던 에세네가 믿는 것처럼 하늘에서 군대가 내려올지도 모른다. 만약 그가 하느님의 아들이 아니라고 해도 걱정할 것이 없다. 그에게 많은 도움을 받았던 유대 백성이 봉기를 일으켜서 그를 구해 낼 것이다'하고 생각했습니다.

　　왜 유다는 예수를 배반했을까?

김딴지 변호사　　예수를 믿고 있었던 것이군요.

가롯 유다　　예수는 분명히 나의 이런 생각을 알고 있었습니다. 그래서 내가 주저하고 있을 때 "네가 할 일을 어서 하여라" 하고 말했던 것입니다. 만약 예수가 그때 그런 애매모호한 말을 하지 않았다면 나는 예수를 대제사장에게 넘겨주지 않았을 것입니다. 하지만 이제 와 후회해야 무엇합니까? 나는 이렇게 패자의 마을에 와 있고, 세상 사람들로부터 손가락질만 당하고 있는데요. 따라서 내가 저지른 배신 행위에 대해서는 내가 아니라 예수가 책임져야 합니다.

김딴지 변호사　　그렇지요. 참으로 그래요. 자기가 시켜 놓고, 반성할 것을 기대했다는 것이 말이나 됩니까?

판사　　자, 양측에서 이야기를 충분히 한 것 같습니다. 오늘 재판은 최후의 만찬장에서 어떤 일이 있었는지를 중심으로 이루어졌습니다. 유다는 자신이 예수의 명령을 받들어 예수를 팔았다고 주장했고, 베드로는 유다가 사탄에 빠져서 더 이상 예수의 충고를 받아들이지 않았기 때문에 예수는 자기를 희생해서라도 그의 잘못을 깨우쳐 주려고 했다고 말했습니다. 나와 배심원은 양측의 주장을 충분히 고려해서 판결을 내리겠습니다. 자, 오늘은 시간이 다 되었으므로 재판을 이쯤에서 정리하는 것이 좋겠습니다. 그럼 잠시 후에 원고와 피고의 최후 진술을 듣겠습니다. 재판을 마치겠습니다.

최후의 만찬

'최후의 만찬'은 레오나르도 다빈치가 1495년에서 그리기 시작해서 1497년에 완성한 그림입니다. 이 그림은 '너희 중에 한 사람이 나를 배반할 것이다'라는 예수의 말을 들은 열두 제자의 반응을 그린 것인데요. 놀라움과 분노에 찬 열두 제자의 모습이 각자의 개성에 맞게 잘 표현되어 있습니다. 배신자로 잘 알려진 유다는 금고를 관리했던 만큼 손에 돈이 담긴 주머니를 움켜쥐고 다른 제자들과 한자리에 나란히 앉아 있는데요. 유다가 다른 제자들과 이렇게 나란히 앉아 있는 그림은 과거의 전통을 거부한 것이라네요. 레오나르도 다빈치의 '최후의 만찬'보다 15년 앞선 1480년에 기를란다요가 그린 '최후의 만찬'을 보면 예수와 제자들이 같은 식탁에 앉아 있고, 유다는 이들의 맞은편에 앉아 있습니다. 이는 유다가 배신자라는 사실을 강조하면서, 그림을 접한 일반 대중이 누가 유다인지를 쉽게 인식하도록 하기 위해서였답니다. 그러나 레오나르도 다빈치는 성경의 그 어느 곳에도 유다가 홀로 떨어져 있었다는 내용이 없으며, 사랑의 전파와 실현을 기본으로 하는 기독교의 자세로 볼 때 그런 그림은 오히려 반기독교적이며, 자칫 배신자인 유다를 예수보다 더욱 부각시킬 수 있다고 생각했습니다. 그래서 레오나르도 다빈치는 유다를 다른 제자들과 나란히 그렸습니다.

레오나르도 다빈치 – 최후의 만찬

기를란다요 – 최후의 만찬

다알지 기자

시청자 여러분 안녕하세요. 법정 뉴스의 다
알지 기자입니다. 지금 막 유다와 예수의 3차 재
판이 끝나고, 양측의 최후 진술만을 남겨 놓고 있는
데요. 조금 전에 끝난 재판에서는 유다가 왜 예수를 팔게 되었는지, 최
후 만찬장의 상황을 살펴보았습니다. 원고 측에서는 그동안 세상에 공
개되지 않던「유다복음」을 히든카드로 들고 나와 유다가 예수의 수제
자였음을 증명했습니다. 그러자 피고 측에서는「유다복음」을 믿을 수
없다며 반박했지요. 그럼 원고 유다와 증인 베드로를 한자리에 모시도
록 하겠습니다. 먼저 베드로의 말을 들어 보겠습니다.

베드로

　예수께서는 죽기 전에도 재판정에 서셨지
요. 로마의 총독 빌라도가 재판을 주재했는데,
그때는 창을 든 병사들이 지키고 있었고, 유대 지도
자들이 예수를 죽이려고 작정하고 있었기 때문에 분위기가 매우 험악
했지요. 오늘 보니까, 상대방을 존중하면서도 날카롭게 토론하는 분위
기, 그리고 토론을 열심히 경청하는 분위기가 잘 형성되어 있어서 좋
더라고요. 내가 발언할 때도 모두들 열심히 듣는 모습을 보고, 증인이
되어 재판정에 서기를 잘했다는 생각이 들었어요. 그리고 한때, 예수
를 스승으로 함께 모셨던 유다를 다시 보니 반갑군요. 하지만 여전히
자신의 잘못을 뉘우치지 않고 있으니 안타깝네요. 유다가 하루빨리 진
리를 깨달았으면 합니다.

가롯 유다

오늘 김딴지 변호사의 변론은 만족스럽습니다. 그동안 내가 하고 싶었던 이야기를 잘해 주었고, 많은 증거를 제출했지요. 눈이 있고, 귀가 있는 사람은 누구나 알 것입니다. 내가 얼마나 억울하게 죄를 뒤집어썼는지 말입니다. 베드로는 내가 욕심에 사로잡혀서 무슨 말을 해도 듣지 않았기 때문에 예수가 "그렇게 하라"고 말했다고 하는데, 정말 기가 막힙니다. 자꾸 욕심이 많다고 얘기하는데, 로마의 지배를 받는 식민지 유대 백성이 바라는 것 중에 독립만큼 소중한 것이 또 어디 있겠습니까. 그건 반란이 아니라 독립운동이지요. 저는 바로 그 대의를 위해 희생한 겁니다. 이왕 재판을 시작한 거, 꼭 배신자의 누명을 벗겠습니다.

왜 유다는 예수를 배반했을까?

나는 예수가 시키는 대로
했을 뿐입니다
vs
유다가 아직도 잘못을 깨닫지
못했다는 사실이 안타깝습니다

판사 자, 마지막으로 당사자의 목소리를 들어 볼까요? 말은 한번
뱉으면 다시 주워 담지 못하는 법입니다. 이제 나와 배심원단이 마
음을 결정해야 할 시간이 다가온 만큼 양측 당사자는 신중하고 주의
깊게 말해 주기 바랍니다. 그럼, 먼저 원고 측, 최후 진술 하세요.

가룟 유다 존경하는 판사님, 그리고 배심원 여러분, 나는 참으로
비통한 심정으로 이 자리에 섰습니다. 예수가 말했듯이 나는 예수의
총애를 받는 제자였습니다. 그의 돈을 관리했고, 그와 수많은 비밀
이야기를 나누기도 했습니다. 그리고 그를 모시고 새롭게 세울 세계
를 꿈꾸며 희망에 부풀곤 했지요. 그 새로운 세상에는 압제와 억압
이 사라지고, 모든 사람이 일한 대로 대접받고, 억울한 이는 한 명도
없을 것이라고 믿었습니다. 그러자면 가장 먼저 해야 할 일이 백성

들의 고혈을 빨아먹고 있는 침략자 로마군을 유대에서 몰아내는 것
이라고 믿었습니다. 그래서 나는 예수에게 수차례 그런 말을 했고,
예수도 누군가가 다른 자를 짓누르고, 괴롭히고, 재산을 강탈하는
것은 잘못이라고 말했습니다. 그건 당연히 로마 제국의 지배에 대해
반대하는 입장을 밝힌 것 아니겠습니까? 더군다나 그는 자신을 '사
람의 아들'이라고 불렀습니다. 우리 유대 신앙에 의하면 '사람의 아
들'은 메시아를 가리키는 말로, 하느님의 도움을 받아서 우리 유대
인을 해방시켜 주고, 그 옛날 다윗 왕 시절의 영광을 되찾아 줄 분을
뜻합니다. 그러니 나는 더더욱 예수가 로마의 지배에 반대한다고 확
신했습니다. 정의를 실천해야 한다고 말하면서 불의한 로마 제국을
그대로 방치한다는 것은 말이 되지 않잖습니까?

　예수가 정말 뛰어난 분임에는 틀림없습니다. 그가 기적을 행하며
뛰어난 말솜씨로 사람들을 가르치자 수많은 사람이 몰려들었습니
다. 점점 더 예수를 따르는 사람이 늘어나자, 나는 머지않아 예수가
봉기할 것이라고 믿었습니다. 33년 유월절 날, 드디어 그때가 온 것
같았습니다. 예수가 수많은 군중을 이끌고 예루살렘에 입성하였던
것입니다. 예루살렘은 하느님을 모시는 성전이 있는 곳으로 봉기하
기에 정말 좋은 곳입니다. 예수는 나의 기대를 저버리지 않은 것 같
았습니다. 성전에 가더니 상인들의 가판대를 엎어 버리고, "성전을
허물라, 내가 삼 일 만에 새로 짓겠다"고 말했습니다. 그것은 기존의
질서를 완전히 부정하고 새로운 세상을 열 것이라는 선언이었지요.
그런데 그 일이 있은 후에 예수는 머뭇거리며 결단을 내리지 못했습

니다. "나의 아버지, 하실 수만 있으시면 이 잔을 내게서 지나가게 해주십시오"라고 하느님께 기도하더라고요. 그것은 봉기하지 않겠다는 소리였어요.

그래서 나는 생각했습니다. 어떻게 하면 예수가 반란을 일으킬 것인가? 나는 '그가 십자가에 못 박히게 되면 백성에게 살려 달라고 외칠 것이고, 그러면 백성이 봉기할 것이다' 하고 생각했습니다. 그래서 대제사장에게 예수를 팔았던 것입니다. 그때 사실 나도 고민이 많았습니다. 이 길이 과연 옳은 길인지, 과연 백성이 봉기할 것인지 확실하지 않았으니까요. 그런데 그때 예수께서 "네가 할 일을 어서 하여라" 하고 말씀하셨습니다. 그래서 나는 예수가 나의 모든 속마음을 알아보고, 나에게 그렇게 하라고 명령을 내린 줄 알았습니다. 그래서 나는 고민을 접고 예수가 시킨 대로 했습니다. 도대체 스승이 시킨 대로 한 제자에게 무슨 잘못이 있단 말입니까? 존경하는 판사님, 배심원 여러분, 이제 나의 억울함을 조금이라도 풀어 주시면 감사하겠습니다.

예수　배심원 여러분, 분명히 말하지만 나는 이 세상의 왕이 되기를 원하지 않았습니다. 세상의 나라들은 세워졌다가 망하기 마련입니다. 또한 세상의 나라들에는 온갖 불의와 고통이 끊이지 않습니다. 오직 하느님의 나라만이 영원하죠. 오직 그곳에서만 진정한 정의와 평화가 실현됩니다. 그곳은 혈통으로 가는 곳이 아닙니다. 그곳은 율법을 잘 지켰다고 갈 수 있는 곳도 아닙니다. 또한 그곳은 성전에서 제사를 지낸다고 갈 수 있는 곳도 아닙니다. 그곳은 진정으로 자신을

낮추고 자기의 몸과 마음을 바쳐서 하느님과 이웃을 사랑하는 사람만이 갈 수 있는 곳입니다. 나는 그 사랑을 전하고자 했습니다.

많은 사람이 나의 가르침을 따르기 시작했을 때 유다, 그리고 열심당 출신이었던 시몬과 같은 자들도 내 밑에 들어왔습니다. 나는 나에게 가르침을 청하는 자라면 누구도 거절하지 않아야 한다고 생각해서 그들을 제자로 받아들였습니다. 그런데 그들은 애초부터 딴 생각을 품고 있었습니다. 나를 이용하여 로마에 맞서 반란을 일으키고, 유대의 왕국을 세우려고 했던 것이지요.

왜 유다는 예수를 배반했을까?

나는 유다가 그런 생각을 품고 있다는 것을 알고는 그의 마음을 돌리기 위해서 애썼습니다. 그에게 특별히 많은 애정을 주었고, 또 많은 가르침을 주었습니다. 그러나 그의 욕심이 너무나 강했기 때문에 그는 사탄에 빠지고 말았습니다. 그리고 끝내 나를 배반하는 중죄를 범했지요.

　조금 전에 그의 최후 변론을 듣고 있자니 그는 아직도 욕심을 버리지 못한 것 같습니다. 만약 내가 죽은 뒤에 그가 진정으로 뉘우치고 새로운 인생을 살았다면 나는 기꺼이 그를 용서했을 것입니다. 나는 살아생전에 사람들로부터 버림받은 사람, 전염병에 걸려서 고생하는 사람, 사회에서 소외받는 사람을 기꺼이 안아 주었습니다. 남들이 싫어하는 세리, 죄인, 창녀하고도 기꺼이 어울렸습니다. 내가 의인이 아니라 죄인을 부르러 세상에 왔기 때문이죠. 나는 심지어 나를 죽이는 데 가담했던 모든 사람을 위해서 "아버지, 저들을 용서해 주소서. 저들은 자기들이 하고 있는 일을 알지 못합니다"라고 기도했습니다. 이렇게 모든 사람을 용서하고 사랑한 나인데, 그렇게 사랑했던 제자가 잘못을 뉘우친다면 왜 용서하지 못하겠습니까? 지금까지 유다가 자신의 잘못을 깨우치지 못하고 있다니 정말로 안타까운 일입니다. 배심원 여러분께서 바른 평가 내려 주시기를 부탁드립니다. 감사합니다.

판사　여기까지 달려오시느라 원고 측도, 피고 측도, 그리고 배심원 여러분도 모두 수고 많으셨습니다. 배심원의 의결서는 4주 후에 나에게 전달될 예정입니다. 배심원의 판결 결과는 비공개이며, 법관의 판결은 배심원의 의견에 구속되지 않습니다. 즉, 배심원의 의견은 참고 사항일 뿐, 이를 법관이 절대적으로 따라야 하는 것은 아니죠. 그래서 나는 단지 배심원의 의견을 참고하여 4주 후에 판결을 공개하겠습니다, 그때까지 여러분도 이 사건에 대해 바른 판결을 내려 보시길 바랍니다.

땅, 땅, 땅!

역사공화국 세계사법정 재판 번호 14 유다 VS 예수

주문

역사공화국 세계사법정은 유다가 예수를 상대로 제기한 명예훼손에 의한 정신적 손해배상 청구를 기각한다.

판결 이유

세계사를 통틀어 배신자의 대명사로 불리고 있는 원고 가룟 유다는 알려진 대로 돈 때문에 예수를 배반한 것이 아니라 예수가 자신을 팔라고 말한 명령을 따랐을 뿐이라고 주장하였다. 또한 메시아로 알려진 예수가 유대교의 잘못된 점을 고치고 사람들의 영혼을 구원하는 것 뿐만 아니라 로마로부터 유대 민족을 해방시켜 줄 지도자라는 믿음을 가지게 되었다고 밝혔다.

이에 대해 피고 예수는 원고 유다의 믿음을 단호히 부정하지 않은 채 애매한 태도를 보였다. 또한 예수가 '네가 할 일을 어서 하여라' 하는 모호한 말을 함으로써 유다의 판단이 흐려지게 되었다는 점은 인정한다. 그러나 재판에 나온 증거와 증언, 변론을 종합해 보았을 때 원고 유다가 이러한 믿음을 가진 것이 피고 예수의 고의였다고 보기는 어렵다고 판단된다.

또한 유다에게 배신자의 대명사라는 오명을 씌우고 책, 영화 등의 각종 이야기를 통해 그를 비난해 온 것은 예수 본인이 아니라 후대의 사람들이므로 예수가 유다의 명예를 훼손했다고 보기 어렵다는 것이 본 법정의 판단이다.

본 법정은 20억이 넘는 기독교인들뿐 아니라 세계의 많은 사람들로부터 존경받고 있는 예수를 고발해 십자가에서 처형당하게 하고, 그 제자인 유다 자신도 자살로 생을 마감한 유명하고도 비극적인 사건에 대한 재판의 판결을 내리게 되어 상당한 부담감을 느끼고 있음을 고백하지 않을 수 없다. 비록 본 법정에서 원고 유다의 고소를 기각하는 판결을 내렸으나, 긴 역사 속에서 돈 때문에 스승을 배신한 제자라고 수많은 비난을 받아 왔던 유다의 억울함도 이해가 가는 바이다.

고소를 당한 피고 예수가 원고 유다를 탓하지 않았 듯, 재판을 지켜본 여러분도 유다를 비난만 할 것이 아니라 유다의 입장에서 한번 생각해 보는 기회를 가져 보길 바란다.

역사공화국 세계사법정 담당 판사 정역사

"나는 「유다복음」의 저자요.
내 억울함도 풀어 주시오"

힘겨운 재판을 마치고 사무실로 돌아온 김딴지 변호사.

재판에서 쓰였던 자료들이 책상 위에 엉망으로 놓여 있다. 김딴지 변호사는 42.195km를 완주한 마라토너처럼 녹초가 되어서 멍하니 천장을 바라보고 있었다.

'띠리리리, 띠리리리.'

갑자기 전화벨이 울렸다.

"아이쿠, 깜짝이야. 누구세요?"

"김 변호사님. 재판 잘 봤습니다. 그런데 당신에게 한 가지 해 줄 말이 있어요."

'저 낮은 목소리는 대체 누구일까? 내게 해 줄 말이 있다니?'

"도대체 누구신데 저에게 전화를 걸었습니까? 일단 정체를 밝혀

주세요."

"나는 당신이 증거로 제출한 「유다복음」의 저자요."

"아! 반갑습니다. 당신을 증인으로 삼았으면 좋았을 텐데. 꼭 만나고 싶었습니다. 제 사무실에 한번 들르시지요."

다음 날, 전화 속 주인공은 김딴지 변호사 사무실로 찾아왔다. 그는 한 달도 넘게 굶은 것처럼 삐쩍 말라서 앙상한 뼈가 그대로 드러났다. 깊은 눈에 입은 꼭 다물었고, 얼굴에는 표정이라곤 찾아 볼 수 없었다. 거기에 검고 긴 옷을 입고 있어서 그는 마치 저승사자와 같이 차갑고, 어둡게 느껴졌다. 기가 죽은 김딴지 변호사는 애써 무서움을 감추고 먼저 인사를 건넸다.

"먼 길 오시느라고 수고하셨습니다. 앉으시지요. 차라도 한잔 대접해야 하는데."

"괜찮아요. 겁먹지 마세요. 나는 모든 육체적 욕망을 떨쳐 버리고, 금욕적으로 살고 있습니다. 세상 사람과 만나지 않고, 먹는 것, 입는 것을 극도로 삼가면서 명상을 하고 있지요. 쉽게 말해서 고행하는 수도사라고 생각하시면 돼요."

그제야 조금 안심이 된 김딴지 변호사는 다시 말을 이었다.

"그럼 성함이 어떻게 되시나요?"

"나는 그노시스입니다. 내 이름은 그리스어로 '영지'라는 뜻이에요. 영지라는 말도 어렵죠. '비밀스러운 신령한 지식'이라고 생각하면 됩니다. 내가 신으로부터 신령한 지식을 많이 받았거든요. 그래

서 지상 세계에 있을때 사람들이 붙여 준 별명이죠."

"아, 그렇군요. 그렇다면 저에게 해 주실 말씀은 무엇이지요?"

"세상 사람들은 유다를 배신자라고 욕하지만, 나와 나의 동료들은 그분을 진정한 영웅이라고 생각합니다. 원래 예수에게 육체는 아무런 의미가 없는 것이에요. 하느님의 아들이 곧 신인데, 신에게 도대체 육체가 왜 필요하겠어요? 예수는 하느님과 천국에서 함께 계시던 신이신데, 인간들에게 참 진리를 가르쳐 주기 위해서 잠시 인간 세상에 오시기로 결심하셨지요. 세상에 와서 인간을 만나려면 인간의 육체를 외투처럼 입어야 해요. 그래서 그분은 잠시 인간의 육체를 가지고 계셨던 것이지요. 그분이 때가 되어서 다시 하늘로 올

왜 유다는 예수를 배반했을까?

라가려면 육체를 없애 버려야 합니다. 그래서 유다에게 죽게 해 달라고 부탁한 것입니다."

"아, 그렇게 생각할 수도 있군요. 그렇지만 재판도 끝났는데 이제 와서 이런 이야기가 다 무슨 소용이 있겠습니까?"

"변호사님도 내 생각과 같으시군요. 그런데 기독교 신자들은 우리를 이단이라고 규정하고는 경멸하고 욕합니다. 그들은 예수가 죽었다가 부활했다고 주장하거든요. 부활은 다시 산다는 뜻이에요. 그들은 사람이 죽은 뒤에도 다시 육체를 가지고 살아난다고 주장하지요. 사람이 죽으면 육체는 썩고 영혼만 하늘나라로 가는 것이 당연한 것 아닌가요? 그런데 육체가 다시 태어나다니 말도 안 되는 소리예요. 그런 엉터리 소리를 하는 기독교 신자들은 영웅의 나라에 가 있고, 나와 같이 참 진리를 주장하는 사람들은 패자의 나라에 가 있다니 이게 말이 됩니까? 김딴지 변호사님, 저희를 변호해 주십시오."

김딴지 변호사는 새로운 소송을 맡게 되었다는 기쁨보다는 무서운 사람들을 다시 만나야 한다는 생각에 소름이 돋았다. 그래서 그가 제안한 소송을 맡지 않기 위해 이리저리 핑계를 대기로 했다.

"아, 죄송합니다. 제가 지금 맡은 사건이 정말 많아서 시간을 낼 수가 없어요. 다른 변호사를 찾아보시는 것은 어떨런지요?"

김딴지 변호사는 애원하는 그노시스를 억지로 밀쳐 내고는 긴 한숨을 쉬었다.

"아, 이렇게 억울한 사람이 많다니, 그 많은 것을 언제 다 바로잡는단 말인가!"

예수의 고향, 나사렛

나사렛의 전경

이스라엘에는 나사렛이라는 도시가 있어요. 이스라엘의 정치적 수도인 예루살렘에서 북쪽으로 91km, 갈릴리호에서 남서쪽으로 19km 지점에 위치하는 도시이지요. 고지에 위치하며 이곳은 요셉과 마리아의 고향으로 기록되어 있답니다. 성모 마리아가 천사 가브리엘의 축복을 받고 예수를 태중에 가지게 된 곳이지요.

사실 아기 예수는 베들레헴에서 태어났다고 전해져요. 그리고 헤롯 왕의 박해를 피해 지금의 이집트인 애굽으로 몸을 피했다가 돌아왔지요. 예수의 가족이 이후 자리를 잡은 곳이 바로 나사렛이랍니다. 나사렛에서 예수는 30년을 살았지요. 그래서 예수를 나사렛 예수라고 부르기도 한답니다.

나사렛에는 성모 마리아가 물을 길었다고 전해져 '마리아의 우물'이라 불리는 샘이 있어요. 물이 흘러나오는 꼭지 3개가 있고, 물의 수원

지는 50m 떨어진 곳에 있답니다. 이 외에도 성모 마리아의 집이 있었을 것이라고 짐작되는 곳에 세워진 가톨릭 교회도 있어요. 바로 '수태고지교회'인데, 1층에는 마리아가 살았다고 알려진 동굴이 있고, 2층에는 예배당이 있답니다. 수태고지교회 옆에는 마리아의 남편 요셉이 살았던 동굴이 남아 있는 '성요셉교회'가 있어요.

산들에 둘러 서 있는 산간의 분지인 나사렛의 현재 주민 대부분은 아랍인이랍니다. 성지 순례를 위해 많은 관광객들이 찾고 있으며 이를 상대로 하는 상인들도 많은 도시랍니다.

찾아가기 이스라엘 갈릴리 남부

마리아의 우물

나사렛 가게

『역사공화국 세계사법정 14 왜 유다는 예수를 배반했을까?』와 관련

한 논술 문제를 풀어 봅시다.

※ 다음 제시문을 읽고 물음에 답하시오.

(가) 예수 그리스도는 모든 사람의
  죄를 짊어지고 십자가에 매달려
  죽어요. 당시 십자가는 형벌의
  도구였으며 예수는 여기에 매달
  려 처형을 당했지요.

(나) 크리스트교가 로마에 전파된 이후 십자가를 사형도구로 삼는
  일은 없어졌어요. 죽은 예수 그리스도의 부활 이후 십자가는 다
  른 의미를 띠었기 때문이에요.

1. (가)~(나)의 내용은 십자가에 대한 내용과 사진이에요. 이 내용을 보
  고 크리스트교에서 십자가가 의미하는 것이 무엇인지에 대해 서술하
  세요.

※ 다음 제시문을 읽고 물음에 답하시오.

① 야훼 이외의 다른 신을 섬기지 말라.

② 우상을 섬기지 말라.

③ 하느님의 이름을 망령되게 부르지 말라.

④ 안식일을 거룩히 지키라.

⑤ 너희 부모를 공경하라.

⑥ 살인하지 말라.

⑦ 간음하지 말라.

⑧ 도둑질하지 말라.

⑨ 이웃에게 불리한 거짓증언을 하지 말라.

⑩ 네 이웃의 재물을 탐내지 말라.

2. 위의 내용은 하느님이 모세를 통하여 이스라엘 백성들에게 주셨다는 열 가지 계명, 즉 십계명입니다. 이 내용을 바탕으로 유다의 입장이 되어 <u>스스로를 변호해 보세요.</u>

왜 유다는 예수를 배반했을까?

해답 1 긴 나무 2개를 엇갈려 놓은 '十'자 모양의 십자가는 모양은 단순하지만 많은 의미를 가지고 있어요. 원래 십자가는 (가)의 내용에서 알 수 있듯이 처음에는 형벌의 도구로 사용되었어요. 하지만 지금은 기독교를 상징하는 의미로 사용되지요. 왜냐하면 예수 그리스도가 십자가에 못 박혀 돌아가셨기 때문이에요. 이렇게 단순한 기호나 사물도 의미가 더해지면 새로운 의미가 되기도 한답니다.

해답 2 "나는 예수의 12제자 중 한 명인 유다입니다. 나는 예수의 뜻에 따랐고 이는 십계명을 통해서도 증명할 수 있습니다. 먼저 십계명 중 가장 첫 번째 조항인 '야훼 이외의 다른 신을 섬기지 말라.'는 조항을 나는 잘 지켰습니다. 그래서 하느님과 하느님이 보내신 예수님을 따랐지요. 물론 간음을 하지도, 이웃의 재물을 탐내지도 않았습니다. 오직 내게 주어진 길을 따랐고, 내가 해야할 일이라고 생각되는 일을 했을 뿐입니다."

* 해답은 예시로 제시된 내용입니다.

역사공화국 세계사법정 14

왜 유다는 예수를 배반했을까?

© 정기문, 2010

초　　판 1쇄 발행일　2010년 11월 16일
개정판 1쇄 발행일　2015년 2월 10일
　　　 4쇄 발행일　2022년 1월 4일

지은이　　정기문
그린이　　이주한
펴낸이　　정은영

펴낸곳　　(주)자음과모음
출판등록　2001년 11월 28일 제2001-000259호
주소　　　10881 경기도 파주시 회동길 325-20
전화　　　편집부 (02) 324-2347　경영지원부 (02) 325-6047
팩스　　　편집부 (02) 324-2348　경영지원부 (02) 2648-1311
이메일　　jamoteen@jamobook.com

ISBN　978-89-544-2414-1 (44900)

철학자가 들려주는 철학 이야기 (전 100권)

아이들의 눈높이에 맞춘 철학 동화!
책 읽는 재미와 철학 공부를 자연스럽게 연결한 놀라운 구성!

대부분의 독자들이 어렵게 느끼는 철학을 동화 형식을 이용해 읽기 쉽게 접근한 책이다. 우리의 삶과 세상, 인간관계에 대해 어려서부터 진지하게 느끼고 고민할 수 있도록, 해당 철학 사조와 철학자들의 사상을 최대한 풀어 썼다.

이 시리즈의 가장 큰 장점은 내용과 형식의 조화로, 아이들이 흔히 겪을 수 있는 일상사를 철학 이론으로 해석하고 재미있는 이야기로 담은 것이다. 또한 아이들의 눈높이에 맞는 쉽고 명쾌한 해설인 '철학 돋보기'를 덧붙였으며, 각 권마다 줄거리나 철학자의 사상을 상징적으로 표현한 삽화로 읽는 재미를 더한다. 철학 동화를 이끌어가는 주인공을 형상화하고 내용의 포인트를 상징적으로 표현한 삽화는 아이들의 눈을 즐겁게 만들어준다. 무엇보다 이 시리즈는 철학이 우리 생활 한가운데 들어와 있고, 일상이 곧 철학이라는 사실을 잘 보여준다. 무엇보다 자기 자신을 극복한다는 것, 인간을 사랑한다는 것, 진정한 인간이 된다는 것, 현실과 자기 자신을 긍정한다는 것 등의 의미를 아이들의 시선에서 풀어내고 있다.

개정판 + 신판

과학자가 들려주는 과학 이야기 (전 130권)

위대한 과학자들이 한국에 착륙했다!
어려운 이론이 쏙쏙 이해되는 신기한 과학수업,
〈과학자가 들려주는 과학 이야기〉 개정판과 신간 출시!

〈과학자가 들려주는 과학 이야기〉 시리즈는 어렵게만 느껴졌던 위대한 과학 이론을 최고의 과학자를 통해 쉽게 배울 수 있도록 했다. 또한 지적 호기심을 자극하는 흥미로운 실험과 이를 설명하는 이론들을 초등학교, 중학교 학생들의 눈높이에 맞춰 알기 쉽게 설명한 과학 이야기책이다.
특히 추가로 구성한 101~130권에는 청소년들이 좋아하는 동물 행동, 공룡, 식물, 인체 이야기와 최신 이론인 나노 기술, 뇌 과학 이야기 등을 넣어 교육 과정에서 배우고 있는 과학 분야뿐 아니라 최근의 과학 이론에 이르기까지 두루 배울 수 있도록 구성되어 있다.

★ 개정신판 이런 점이 달라졌다! ★

첫째, 기존의 책을 다시 한 번 재정리하여 독자들이 더 쉽게 이해할 수 있게 만들었다.
둘째, 각 수업마다 '만화로 본문 보기'를 두어 각 수업에서 배운 내용을 한 번 더 쉽게 정리하였다.
셋째, 꼭 알아야 할 어려운 용어는 '과학자의 비밀노트'에서 보충 설명하여 독자들의 이해를 도왔다.
넷째, '과학자 소개·과학 연대표·체크, 핵심과학·이슈, 현대 과학·찾아보기'로 구성된 부록을 제공하여 본문 주제와 관련한 다양한 지식을 습득할 수 있도록 하였다.
다섯째, 더욱 세련된 디자인과 일러스트로 독자들이 읽기 편하도록 만들었다.